JOANNA FARROW

Praxisbuch Räuchern und Pökeln

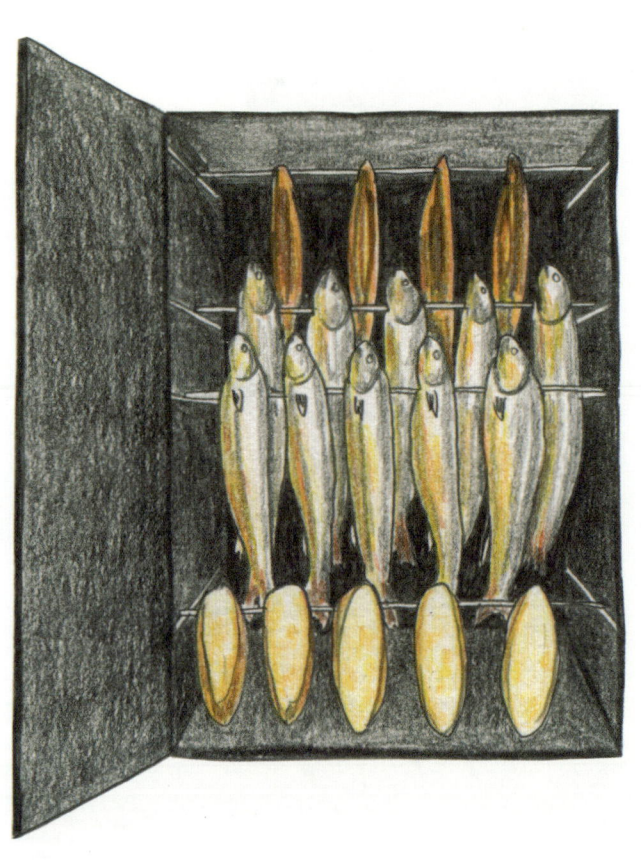

JOANNA FARROW

Praxisbuch Räuchern und Pökeln

Aus dem Englischen von
Dr. Hannelore Eisenhofer

Hinweis:
Autor und Verlag haben sich größte Mühe gegeben, um zu gewährleisten, dass alle
Informationen in diesem Buch sicher und exakt sind, aber sie können keinerlei Haftung für
daraus resultierenden Verlust oder Schaden an Eigentum oder Personen übernehmen, ob
direkt oder als Folge oder wie auch immer sich ergebend.

ISBN: 978-3-86820-199-4

www.nikol-verlag.de

INHALT

EINFÜHRUNG

Wenn wir mit neuen Kochkünsten experimentieren, sind wir immer ein wenig nervös, wie wohl das Ergebnis ausfallen wird, doch die Zufriedenheit, die sich einstellt, wenn wir den ersten selbstgepökelten Speck oder luftgetrockneten Schinken hergestellt zu haben, ist nicht zu überbieten – es ist absolut spannend!

Dieses Buch bietet Ihnen eine Einführung in die Fertigkeiten des Räucherns und Pökelns, die so überzeugend und zufriedenstellend sind, dass Sie für sich diese Leidenschaft entdecken werden und nicht mehr aufgeben wollen. Einfach zu befolgende Techniken und Rezepte zeigen wie köstlich selbst gepökelte oder geräucherte Lebensmittel sein können, ohne dass High-Tech-Geräte oder teure Zutaten erforderlich sind. Jeder, der gerne besonders leckeren Speck, köstlich geräucherten Fisch oder perfekt gepökelte Salami isst, wird diese Köstlichkeiten umso mehr genießen, wenn er weiß, woher sie stammen und dass Sie sie selbst zubereitet haben.

Die Kunst des heimischen Räucherns und Pökelns stammt aus dem Altertum, als die Menschen jagten und ihre Nahrung sammelten und deshalb besondere Verfahren zur Aufbewahrung entwickeln mussten. Die Ausgangsmaterialien waren Fleisch und Fisch, Salz, Feuer und Luft wurden zum Haltbarmachen verwendet und auch heute noch sind das die Grundtechniken des Pökelns, Trocknens, Räucherns und Kochens. Diese Fertig-

keiten, die bis zur Ankunft von Kühlschrank und Tiefkühltruhen lebendig
blieben, um Nahrungsmittel adäquat aufbewahren zu können, wurden von der
neuen Technik abgelöst und die meisten
Formen langfristiger Konservierung waren
überholt.

Doch im Unterschied zum Ein-
frieren verändert das Pökeln/Suren
Textur und Geschmack, weil die Lebensmittel
von Salz, Gewürzen, Zucker, Kräutern und aromatischen Zutaten durchdrun-
gen werden und oft-
mals noch eine zu-
sätzliche Verstär-
kung des Aromas
durch Kalt- oder
Heißräuchern hinzukommt.
Das ist sogenanntes „slow food",
deren Beliebtheit der Auflehnung
gegen „fast food", gegen Fertig-
gerichte und dem wachsenden Interesse
zu verdanken ist, dass wir nur noch das Beste zu uns nehmen wollen. Das
Erstaunliche für den Anfänger beim Pökeln ist, dass alles einfach gehand-
habt werden kann. Ein Stück Schweinebauch, das mit Salz eingerieben und
mehrere Tage gekühlt wurde, wird zu Speck. So einfach ist das! Aber nicht
nur das, dieser Speck ist besser und billiger als jeder Speck, den Sie in
einem Geschäft kaufen können.

Sobald Sie dem heimischen Räuchern verfallen sind und die Ergebnisse mit
Ihren Sie bewundernden Freunden und der Familie gemeinsam genossen
haben, werden Sie nicht aufhören können über Rezepte, Marinaden und
Pökellaken nachzudenken, Saucen zu erfinden und mit Holz, Kräutern,
Gewürzen und Rezepten zu experimentieren.

Pökeln

Unter Pökeln versteht man einen Konservierungsprozess, bei dem Fisch oder Fleisch in Salz oder eine Lake eingelegt werden, manchmal unter Zusatz von Zucker, Kräutern und Gewürzen, Bier, Wein oder Apfelschaumwein (Cidre). Salz, das entweder trocken oder mit einer Flüssigkeit als Lake verwendet werden kann, ist die wichtigste Zutat und entzieht dem Fleisch die Feuchtigkeit, festigt die Textur und macht Fleisch oder Fisch während des Pökelvorgangs widerstandsfähiger gegen Bakterien.

Zutaten

Theoretisch kann Pökeln jede Art von Fleisch oder Fisch haltbar machen. In der Praxis wird am häufigsten Schweinefleisch verwendet, teilweise weil es als Frischfleisch nicht lange aufbewahrt werden kann, zum anderen, weil es von Natur aus einen hohen Fettgehalt aufweist, der dazu beiträgt, dass das Fleisch saftig und aromatisch bleibt. Hinzu kommt, dass Schweine fast überall auf der Welt als Fleischlieferant gehalten werden.

Es ist wichtig, wenn Sie zu Hause pökeln, dass Sie mit den besten Grundzutaten beginnen, die Sie bekommen können, damit Sie das beste Ergebnis erzielen. Kurz gesagt, je besser die Zutaten, desto besser wird der Geschmack.

Fleisch

Um beste Qualität zu bekommen, kaufen Sie Fleisch am besten beim Metzger, Züchter, im Hausladen eines Bauernhofs oder bei einem befreundeten Züchter. Damit soll nicht gesagt werden, dass Fleisch vom Supermarkt immer minderwertig ist, doch häufig ist das der Fall und es ist schwieriger festzustellen, welches Fleisch gut ist. Wenn Sie über den Metzger oder den landwirtschaftlichen Betrieb bestellen, können Sie sicher sein, dass das Fleisch sehr frisch ist (was ausschlaggebend ist), und Sie können die Stücke mit dem exakten Gewicht, das Sie brauchen, in der richtigen Größe bekommen.

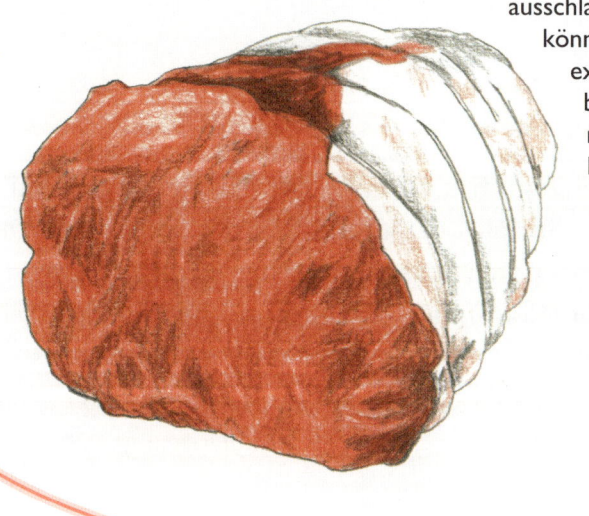

Fisch

Wählen Sie Fisch, der klare Augen hat. Die Augen dürfen weder eingesunken, noch stumpf oder trüb sein. Die Haut muss schimmernd sein, und der Fisch, entweder im Ganzen oder filetiert, sollte fest und prall sein statt schlaff und grau. Er sollte nach Meer riechen und nicht abgestanden nach Fischladen. Achten Sie beim Kauf von fetthaltigem Fisch wie Makrele oder Sardine besonders auf die Frische, weil diese Fische leicht und schnell verderben.

Salz

Feines Tafelsalz wird für das Pökeln verwendet, weil es besonders gründlich und gleichmäßig in jeden Winkel von Fleisch und Fisch eingerieben werden kann. Meersalzflocken sollten nicht verwendet werden (außer anderweitig angegeben), da sie zu grob sind.

Salpeter (Kaliumnitrat)

Salpeter wirkt toxisch gegen Bakterien. Während des Pökelprozesses verleiht er zudem dem eingelegten Fleisch eine rosa Farbe und wirkt sich kaum auf den Geschmack aus. Er wird immer noch in der Pökelindustrie verwendet, obgleich es jetzt strikte Kontrollen hinsichtlich der Mengen gibt, weil Bedenken wegen der gesundheitlichen Auswirkungen bestehen. Auch wenn Sie auf Rezepte stoßen sollten, die Salpeter verlangen, werden Sie Salpeter nicht mehr im Handel bekommen, außer Sie haben dazu eine spezielle Berechtigung. Jetzt ist er nur noch in Pökelsalzen enthalten.

Pökelsalze

Pökelsalze können bei Online-Anbietern bestellt werden (siehe S. 124). Sie enthalten Salz, Salpeter und verschiedene andere Aromastoffe, und werden genauso verwendet wie Tafelsalz, d. h. trocken oder in einer Lake. Wenn Sie nicht mit eigenen Aromastoffen experimentieren wollen, Ihr gepökeltes Fleisch jedoch die rosa Farbe erhalten soll, sind Pökelsalze eine gute Alternative, ohne die Sie diese Farbe nicht erreichen. Folgen Sie den Anweisungen des Anbieters bei der Verwendung.

Gewürze

Historisch betrachtet wurden stark aromatische Gewürze Nahrungs-
mitteln hinzugefügt, um den Geruch und Geschmack verfaulenden
Fleisches zu überdecken. Sie dienen nicht wirklich der Konservierung, doch
kräftige Gewürze wie Chili, Zimt, Kreuzkümmel, Koriander, Wacholder,
Ingwer und Knoblauch sind hervorragende Zusätze bei verschiedenen
Laken und Pökelsalzen. Das ist ein Feld, auf
dem Sie experimentieren und verschiedene
Kombinationen ausprobieren können, je
nachdem, welche Vorlieben Sie haben.
Gewürze für Trockenpökeln, Marinaden oder Laken und Saucen zu
mischen, ist ein weiteres Vergnügen,
das Pökeln und Räuchern bietet.

Zucker und Süßstoffe

Süße Laken können weißen oder
braunen Zucker in Form von
Muscovado-Zuckern (stammt aus
Mauritius und ist brauner unge-
reinigter Rohzucker) oder Melasse,
Ahornsirup und Honig beinhalten.
Zucker kann nicht allein als
Reifungsmittel verwendet werden,
doch er kann hinzugefügt
werden, um eine köstliche
Mischung aus süß und
salzig hervorzubringen.

Gerätschaften

Lassen Sie sich von Ihrer anfänglichen Begeisterung nicht dazu hinreißen spezielle Gerätschaften zu kaufen, die Sie sonst nicht brauchen. Alles, was Sie für ein normales Pökeln zu Hause benötigen, ist ein ausreichend großer Behälter, um Ihr Stück Fleisch aufzunehmen. Die folgende Liste umfasst alle nützlichen Gegenstände, die Sie vielleicht mit der Zeit anschaffen wollen, aber auch die Grundausstattung, die Sie möglicherweise bereits haben. Weitere Informationen zu Gerätschaften sehen Sie in der Liste der Anbieter auf Seite 124.

• **Plastikdosen** in jeder erdenklichen Größe sind ideal für alle Arten des Pökelns und sind zudem lange haltbar. Am besten sind rechteckige Dosen, in die die Fleischstücke besser passen. Wenn Sie im Kühlschrank pökeln, sollten Sie zuerst den Platz in Ihrem Kühlschrank ausmessen, um die richtige Dosengröße und dementsprechend die richtige Fleischgröße kaufen zu können. Denken Sie daran, dass das Fleisch in der Dose genügend Platz haben muss, damit es die Pökelstoffe aufsaugen kann.

• Eine große saubere **Holzkiste** wie eine Weinkiste eignet sich für das Pökeln einer ganzen Schweinshachse oder einer großen Menge Speck, wenn Sie beabsichtigen Schweinebauch oder Lendenstücke zu stapeln. Um große Lendenstücke zu pökeln, sollten Sie vor dem Lufttrocknen mehrere Abflusslöcher in den Boden der Holzkiste bohren und die Kiste auf stabile Blöcke über einem wasserdichten Behälter oder einem großen Tablett stellen, damit die Säfte aufgefangen werden können.

- **Keramik, glasierte Irdenware oder Glasbehälter** sind als Pökelgefäße geeignet, insbesondere für kleinere Fleischstücke. Pökeln Sie niemals Fisch oder Fleisch in Metallgefäßen, da sie leicht korrodieren, was Verfärbungen am Pökelgut hervorruft.

- Eine große Schüssel aus **Glas, Plastik oder Keramik** ist erforderlich, wenn große Mengen gehackten oder durchgedrehten Fleisches für Salami oder Chorizo gemischt werden sollen.

- **Fleischhaken** sind nützlich, um Fleisch aufzuhängen, das nach dem Pökeln trocknen soll. Verwenden Sie Edelstahlhaken, damit sich das Fleisch nicht verfärbt oder verdorben wird.

- **Schnüre** sind nur dann geeignet, wenn sie stark genug sind die Enden von Salami oder Chorizo zum Aufhängen daran zu befestigen.

- **Musselin** oder Mullschläuche (auch Geschirrtücher) eignen sich zum Einwickeln von Fleischstücken, die an der Luft getrocknet werden sollen. Das Fleisch kann atmen und wird gleichzeitig vor Fliegen und anderen unerwünschten Schädlingen geschützt.

- **Küchenwaagen** mit einer breiten Messskala sind unabdingbar, um die Zutaten genau abzuwiegen, angefangen von großen Mengen Salz bis hin zu kleinen Mengen an Kräutern und Gewürzen.

• **Gewichte** wie man sie für altmodische Waagen benutzte, ungeöffnete Konservendosen oder Felsbrocken und Steine aus dem Garten (oder Gartenzentrum) werden zum Beschweren des Fleisches oder des Fisches verwendet. Wenn Sie Felsbrocken oder Steine verwenden, müssen Sie diese vorher gründlich abbürsten.

• Kleine **scharfe Messer** sind unentbehrlich, wenn Sie das Pökelgut in Würfel oder Scheiben schneiden. Ein größeres scharfes Messer reicht für den Neuling aus, um Speck oder Salami dünn zu schneiden, bevor in eine Schneidemaschine investiert wird.

• **Schneidemaschinen** variieren im Preis und in der Qualität. Sie bieten zwar den Vorteil das Fleisch nach dem Pökeln in hauchdünne Scheiben schneiden zu können, doch sind sie eher ein Luxus, als unentbehrlich.

• **Wurstmaschinen** erleichtern die Arbeit beim Füllen von Salami oder Chorizo. Es gibt preiswerte Modelle mit einer tragbaren Spritze oder Hebelmodelle bis hin zu hauptsächlich elektronischen Wurstfüllmaschinen.

• Ein großer **Plastik-** oder **Edelstahltrichter** kann als preiswertere Alternative zu einer Wurstfüllmaschine zum Füllen von Wursthaut oder Schafsdärmen verwendet werden. Das Trichterende sollte einen Durchmesser von mindestens 1,5 cm aufweisen, weil es sonst zu schwierig wird, die Fleischmasse hindurchzupressen.

• **Pumpen für Salzlake** werden dazu verwendet die Behandlung mit Salzlake von nassgepökeltem Fleisch zu beschleunigen, wofür eine kleine Spritze benutzt werden kann, mit der die Salzlake direkt ins Fleisch eingebracht wird. Preiswerte Pumpen haben eine lange Nadel mit Löchern, die ein Eindringen der Salzlake ins Fleisch auf der ganzen Länge ermöglichen.

Trockenpökeln

In seiner einfachsten Form wird beim Trockenpökeln Salz in ein Stück Schweinebauch oder Lende eingerieben, um daraus einen einfachen Speck oder Schinken herzustellen oder in ein Fischfilet, um es vor dem Kochen zu konservieren. Eine langwierigere Form dieser Pökelung besteht darin, das mit Salz eingeriebene Fleisch mit einem Gewicht zu beschweren, um ihm eine gewisse Menge Wasser zu entziehen, dann mehrere Monate lang das Fleisch an der Luft zu trocknen, damit die Feuchtigkeit aus dem Fleisch vollkommen entweicht. Auf diese Weise wird ein Schinken erzeugt, der nicht mehr gekocht werden muss. Berühmte Beispiele sind der italienische Prosciutto- und der spanische Serrano-Schinken. Da sie außerordentlich teuer sind, lohnt sich der Versuch der hausgemachten Version, die gute Resultate erzielen kann, vorausgesetzt Sie sind gut vorbereitet – und geduldig! Die einzige Anforderung sind Zeit und gute Qualität der Fleischkeule, damit sich ihre Pökel-ausbeute auch lohnt.

Pökelzeiten

Je länger das Fleisch gepökelt wird, desto salziger wird es und desto halt-
barer ist es. Das Speckrezept auf Seite 22 sieht Pökeln für fünf Tage und
eine Lagerung im Kühlschrank von zwei Wochen vor. Ein Stück Schweinefleisch, das mehr als zwei Wochen gepökelt wurde, kann zwar bis zu einem
Monat im Kühlschrank aufbewahrt werden, wird aber zu salzig schmecken.
Sie können die Salzigkeit verringern, indem Sie die benötigten Stücke abschneiden und über Nacht in Wasser legen, wobei Sie das Wasser mehrmals wechseln sollten, wie Sie auch bei einem gekauften Speck verfahren,
bevor Sie ihn verwenden. So oder so haben Sie ständig ein köstliches hausgemachtes Produkt zur Verfügung. Hausgepökelter Speck kann auch für
mehrere Monate eingefroren werden.

Trockenpökeln ohne Kühlung

Während des Sommers ist die einzig sichere Methode Fleisch zu pökeln die
Verwendung eines Kühlschranks. Zwar kann man auch ohne Kühlung immer
noch gute Ergebnisse erzielen, doch ist das Risiko größer, dass das Fleisch
verfault. Eine trockene kühle Speisekammer, ein Keller oder Untergeschoß
können ebenfalls sehr nützlich sein. Wenn diese nicht vorhanden sind und im
Kühlschrank für einen großen Behälter kein Platz ist, stellen Sie Gefrier-
aggregate, die Sie täglich wechseln müssen, unter den Behälter. Während des
Winters sind Garagen oder Gartenhäuschen nützliche Orte für die Aufbewahrung des zu pökelnden Fleisches, doch verwenden Sie immer Behälter
mit Deckel, um das Fleisch vor ungebetenen Gästen zu schützen.

Stücke vom Schwein

Fast jeder Teil des Schweins kann zu einem trockengepökelten Speck oder Schinken werden, aber die
besten Stücke, sowohl im Hinblick auf einfaches
Pökeln als auch leichtes Schneiden, sind
Bauch und Lende. Bitten Sie den
Metzger die Schwarte und die
Knochen zu entfernen. Wenn Sie
es vorziehen mitsamt der Schwarte
zu pökeln, was die traditionellere Methode

ist, dann befolgen Sie das Grundrezept und rechnen 24 Stunden extra dazu. Bauchfleisch ist ein gutes Stück vom Schwein für den Anfang, weil es preiswert und ein dünnes Stück ist, und daher schneller fertig gepökelt sein wird. Es ist auch leichter mit einem scharfen Küchenmesser zu schneiden, weshalb Sie dafür keine teure Schneidemaschine benötigen. Fertig gepökelte Lende ist als Rückenspeck bekannt, wohingegen Bauchfleisch durchwachsen ist.

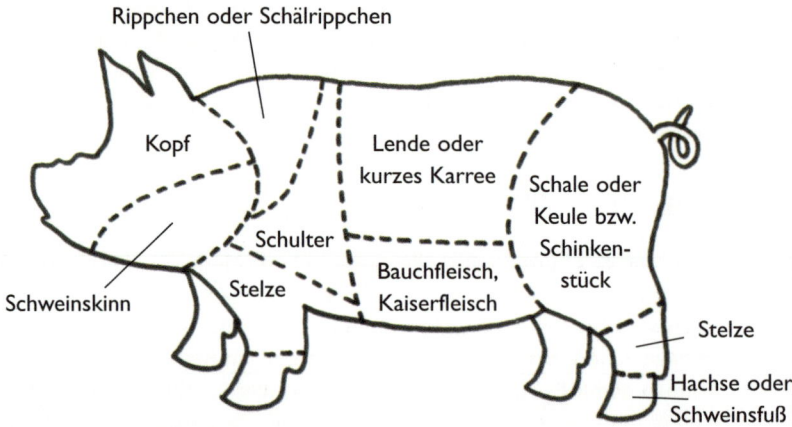

Trockengepökelter Schinken

Es ist auch möglich eine ganze oder halbe Schweinekeule trocken zu pökeln, um daraus einen trockengepökelten Schinken zum Kochen zuzubereiten. Verwenden Sie eine Keule, bei der Sie den Knochen so auslösen, dass die Keule ganz bleibt und Sie nur den Knochen herausziehen, was ein wenig Geschicklichkeit erfordert. Dann packen Sie die Keule in Salz für drei bis vier Wochen (siehe S. 59). Danach können Sie die Keule wie eine nassgepökelte kochen.

Gleichzeitiges Pökeln von mehreren Fleischstücken

Wenn Sie mehrere Stücke vom Schwein gleichzeitig pökeln wollen, verwenden Sie für jedes einzelne Stück die Menge wie im Grundrezept auf Seite 59 angegeben und verfahren Sie nach Rezept. Dann stapeln Sie die Stücke in einem Behälter. Zuvor müssen Sie sich jedoch vergewissern, dass jedes Stück gründlich gesalzen ist. Schichten Sie täglich um.

Zugabe von Aromen
Zucker, Kräuter und Gewürze können
dem Salz beim Trockenpökeln hinzugefügt
werden, um das Aroma zu verstärken.
Verwenden Sie ca. 20 % Zucker auf 100 %
Salz, d. h. 10 g Zucker bei 50 g Salz und vermengen Sie die zusätzlichen Aromastoffe wie
getrocknete zerstoßene Chili, Wacholderbeeren, Fenchelsamen, gemahlenen schwarzen
Pfeffer, gehackten Rosmarin, Thymian, Salbei oder
zerstoßene Lorbeerblätter. Lassen Sie sich von
Gewürzmischungen von Schinken- und Speck-Manufakturen
auf Bauernmärkten und in Supermärkten inspirieren, doch
sollten diese Mischungen möglichst einfach sein, damit der
vorherrschende Geschmack der des Frühstückspecks bleibt und
nicht von den Zusätzen in der Lake übertönt wird.

Verwendung von trockengepökeltem (Frühstücks-)speck

Ihr hausgemachter gepökelter Speck kann gekocht und auf die gleiche Weise
verwendet werden wie gekaufter. Wenn Sie ihn braten, werden Sie feststellen, dass er weniger Wasser ausscheidet als gekaufter und schneller
knusprig wird und Farbe bekommt. Aufgrund des Fehlens von Salpeter wird
er dunkler und weniger rosa. Je nach Rezept können Sie ihn in Scheiben
oder Würfel schneiden oder grob hacken (siehe S. 37).

Herstellung von Speck mit wenig Salz

Speck mit wenig Salz wird genauso hergestellt wie normaler Speck, jedoch
nur über Nacht gepökelt. Er hält sich auch nur wenige Tage im Kühlschrank.
Verwenden Sie 5 mm dicke Scheiben Schweinebauch ohne Schwarte oder
Schweinelende, die entweder vom Metzger oder mit einem großen scharfen
Messer zugeschnitten werden. Für 1 kg Schweinefleisch nehmen Sie zwei
Teelöffel Salz, vermischt mit einem Teelöffel Streuzucker. Fügen Sie Gewürze
hinzu, wie frisch gemahlenen schwarzen Pfeffer, eine Prise feingehackten
Salbei, Thymian oder Rosmarin oder zerstoßene Korianderkörner. Streuen
Sie die Salzmischung leicht über die Schweinefleischscheiben und legen Sie
sie auf eine flache nicht metallische Schale. Decken Sie sie mit Frischhalte-
folie ab und stellen Sie sie über Nacht kühl. Spülen Sie das Salz ab, trocknen
Sie die Scheiben mit Küchenpapier und verwenden Sie sie nach Belieben!

Trockengepökelter durchwachsener Speck

Speck zu Hause zuzubereiten ist die einfachste Art des hausgemachten Pökelns, die narrensichere gute Ergebnisse bringt. Dieses Rezept ist das einfachste von allen gepökelten Fleischsorten und für jedermann machbar, da keine besonderen Gerätschaften oder Zutaten benötigt werden, sondern einfach nur Salz und ein anständiges Stück Schweinefleisch. Verwenden Sie dieses Rezept als Einstieg ins hausgemachte Pökeln. Sie werden mit dem Ergebnis dermaßen zufrieden sein, dass Sie zweifellos weiter experimentieren wollen. Die hergestellte Menge ist angemessen, und wenn Sie größere Mengen zubereiten wollen, ist das lediglich eine Frage wie viel Speck Sie verbrauchen werden. Um dem Speck ein zusätzliches Aroma zu verleihen, können Sie ihn noch räuchern (siehe Seite 92).

Zutaten

1 kg Schweinebauch ohne Schwarte

Zirka 50 g Salz

1 Das Schweinefleisch auf allen Seiten gründlich mit Küchenpapier abtrocknen, um alle Feuchtigkeit zu entfernen, die sich auf der Oberfläche angesammelt hat. Reiben Sie mit den Fingern die Hälfte des Salzes auf allen Seiten und in allen Spalten ein.

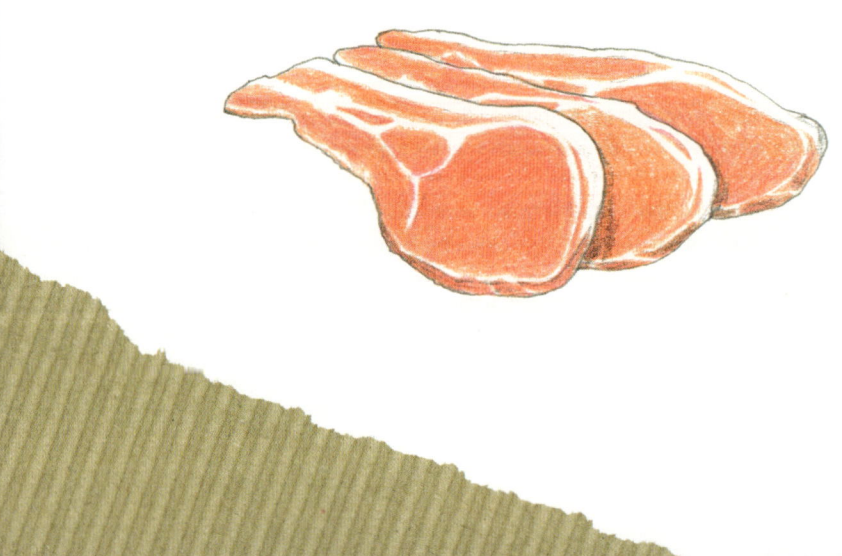

2 Wenn das Fleisch gründlich gesalzen ist, legen Sie es in einen sauberen Plastik- oder Holzbehälter (siehe Gerätschaften Seite 13-15) und stellen den Behälter über Nacht an einen kühlen Ort oder in den Kühlschrank.

3 Am nächsten Tag werden Sie feststellen, dass sich auf dem Boden des Behälters eine kleine Lache angesammelt hat. Gießen Sie diese ab, tupfen das Fleisch trocken und reiben Sie es mit dem restlichen Salz ein. Legen Sie es wieder in den Behälter und lagern Sie ihn für weitere 4 Tage an einem kühlen Ort oder im Kühlschrank, wobei das Fleisch täglich gewendet werden muss, um gleichmäßig gepökelt zu werden.

4 Spülen Sie den Speck mehrmals mit Wasser, damit überschüssiges Salz vollständig entfernt wird. Trocknen Sie den Speck gründlich mit Küchenpapier ab. Der Speck kann nun verwendet werden, aber es ist ratsam ihn noch weitere 4-5 Tage zum Trocknen aufzuhängen, bevor er gekocht oder geräuchert wird.

5 Machen Sie ein Loch ca. 2 cm von jeder Ecke entfernt in den Speck, indem Sie mit einem scharfen Messer hineinstechen und das Messer mehrmals umdrehen, bis Sie ein ausreichend großes Loch haben, um eine Schnur hindurchzuziehen. Schneiden Sie ein Stück Schnur ab, das Sie durch das Loch ziehen. Hängen Sie das Fleisch mit der Schnur im Kühlschrank auf. Eine kleine Menge Flüssigkeit wird heraustropfen, deshalb sollte das Fleisch nicht über anderen Lebensmitteln hangen. Am besten stellen Sie eine Schale oder einen Teller unter den Speck. Lagern Sie den Speck bis zu zwei Wochen oder länger, schneiden Sie ihn in zwei oder drei Stücke und frieren Sie ihn ein, damit Sie ihn über Nacht auftauen lassen können, wenn Sie welchen brauchen.

Süß gepökelter Speck mit Rosmarin, Senf und Melasse

Melasse verleiht dem Speck eine dunkle Färbung und einen vollen herzhaften Geschmack.

1 Geben Sie die Senfkörner in eine kleine trockene Bratpfanne und erhitzen Sie die Körner leicht, bis sie aufspringen. Mahlen Sie sie in einer Gewürzmühle oder zerstoßen Sie die Körner in einem Mörser. Streifen Sie die Rosmarinblätter von den Stielen und hacken Sie sie fein.

Zutaten

2 EL Senfkörner

10 g Rosmarinzweige

100 g Salz

20 g Melasse

1 kg Schweinelende ohne Schwarte

2 Mischen Sie Senfkörner, Salz, Zucker und Rosmarin.

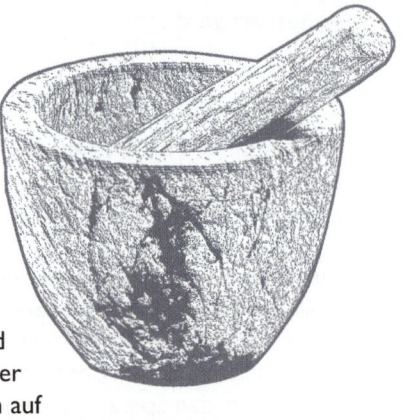

3 Reiben Sie mit der Hälfte der Mischung das Fleisch auf allen Seiten ein und folgen Sie dann der Anleitung für durchwachsenen Speck wie auf Seite 20-21.

4 Sobald der Speck gepökelt ist und mehrere Tage aufgehängt war, kann er verzehrt werden. Er kann nach dem auf Seite 92 angegebenen Verfahren kalt geräuchert werden, um ihm ein zusätzliches Aroma zu verleihen.

Speck in Streifen schneiden

Alles, was Sie dafür brauchen, ist ein scharfes Küchenmesser und ein Schneidebrett. Legen Sie den Speck mit der fetten Seite nach unten auf das Brett und schneiden Sie möglichst dünne Scheiben. Diese Scheiben werden nicht so dünn und gleichmäßig sein wie bei gekauftem Speck in Scheiben, aber der Geschmack ist köstlicher und die Unregelmäßigkeit macht den Charme des hausgemachten Specks aus! Wenn Sie mehr Speck zubereiten wollen, lohnt sich eventuell die Investition in eine Schneidemaschine für Fleisch (siehe S. 15). Diese Geräte sind normalerweise recht teuer und nur dann das Geld wert, wenn Sie davon überzeugt sind, jede Menge Fleisch zu pökeln.

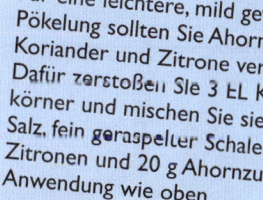

Geschmacksvariationen

Für eine leichtere, mild gewürzte Pökelung sollten Sie Ahornzucker mit Koriander und Zitrone versuchen. Dafür zerstoßen Sie 3 EL Koriander-körner und mischen Sie sie mit 100 g Salz, fein geraspelter Schale von 2 Zitronen und 20 g Ahornzucker. Anwendung wie oben.

Pökeln von Fisch

Bei der Haltbarmachung von Fisch sind die Techniken wesentlich flexibler als bei Fleisch, auch wenn die Grundrezepte die gleichen sind, das heißt die Feuchtigkeit wird mit Hilfe von Salz entzogen. Jeder Fisch kann so zubereitet werden, aber am besten sind große Fische mit festem Fleisch und großen Schuppen, die für eine gute Textur sorgen. Geräucherter Lachs, der normalweise mit Lake gepökelt wird, ist unser beliebtester und am meisten verfügbarer gepökelter Fisch, aber es gibt viele köstliche Alternativen wie gesalzener und gebeizter Fisch.

Salz- oder Stockfisch

Weißer Fisch, am bekanntesten ist wahrscheinlich Kabeljau, wird seit Jahrhunderten gesalzen und getrocknet, um ihn für einen langen Zeitraum haltbar zu machen. Ein Gang auf die Fischmärkte dieser Welt bietet eine Fülle an Fischen, im Ganzen oder filetiert, die für eine lange Lagerung gesalzen und getrocknet wurden. Heute salzen wir Fisch hauptsächlich, um den Geschmack zu verstärken, sein Fleisch zu festigen und all die köstlichen Gerichte zuzubereiten, die in so vielen Teilen der Welt verbreitet sind. Das französische Gericht Brandade ist ein leckeres Püree aus gesalzenem Kabeljau, bei dem der gedünstete, zuvor im Ganzen eingeweichte Fisch mit Knoblauch, Olivenöl und Sahne vermischt wird, was einen leckeren Aufstrich für Toast ergibt (siehe S. 30). Die Spanier verwenden gesalzenen Kabeljau für verschiedene wohlschmeckende Tapas-Gerichte wie ausgebackener gesalzener Kabeljau oder als Füllung für gebratene Paprika. Wenn Sie den Fisch für ein ganz alltägliches Gericht verwenden wollen, weichen Sie ihn zuerst in Milch ein, bevor Sie ihn dünsten, und servieren ihn mit einer cremigen Petersiliensauce. Ganz gleich, welches Rezept Sie ausprobieren wollen, nehmen Sie nur ganz frischen Fisch von guter Qualität zum Einsalzen. Versuchen Sie es mit Schellfisch, Seelachs, Weißfisch oder einem anderen weißen Fisch mit festem Fleisch anstelle von Kabeljau.

Lagerung von gesalzenem Fisch
Je länger die Fischfilets im Salz liegen, desto salziger wird der Geschmack.
Nach drei Tagen kann der Fisch abgegossen und verwendet werden, Sie
können ihn aber auch bis zu zwei Wochen im Salz liegenlassen. Danach
kann der Fisch abgegossen und für eine längere Aufbewahrung getrocknet
werden.

Trocknen von gesalzenem Fisch
Nehmen Sie den Fisch aus dem aufgelösten Salz, aber spülen Sie ihn nicht
ab. Tupfen Sie ihn mit einem Küchenpapier trocken und bohren Sie mit der
Spitze eines sehr sauberen, kleinen scharfen Messers ein kleines Loch, ca.
1,5 cm vom Ende der Filetstücke entfernt in den Fisch. Durch dieses Loch
ziehen Sie eine Schnur und hängen die Fischfilets im Kühlschrank auf oder
an einem sehr kühlen Ort, wie einem Keller, einer Speisekammer oder
einem Außengebäude. Der Fisch wird hart und bekommt eine matte,
hellbeige Farbe, die sich für mehrere Monate hält, wenn die Bedingungen
stimmen. Sehen Sie regelmäßig nach dem Fisch, und ob er trocknet. Um
den Fisch verwenden zu können, weichen
Sie ihn 24-48 Stunden in kaltem
Wasser ein, wobei Sie das
Wasser ein oder zwei-
mal wechseln, bis
der Fisch
weich ist.

Salzfischfilets

Auf der ganzen Welt wird Fisch gesalzen, um den Geschmack zu verstärken und um ihn haltbar zu machen. Denken Sie daran, nur absolut frische Filets zu verwenden.

Zutaten

2 große Filets vom Seelachs, Schellfisch, Köhler oder Kabeljau mit Haut

Reichlich Salz

1 Legen Sie die Filets auf ein Brett und suchen Sie nach verbliebenen kleinen Gräten, die Sie ggf. mit einer Pinzette entfernen. Tupfen Sie den Fisch mit Küchenpapier trocken.

2 Streuen Sie eine etwa 1 cm dicke Lage Salz in einen Keramik-, Plastik- oder Glasbehälter, der groß genug ist, die Fische so aufzunehmen, dass sie gerade liegen (notfalls müssen die Filets zugeschnitten werden). Legen Sie ein Filet mit der Haut nach oben auf die Salzschicht. Streuen Sie eine weitere dicke Salzschicht auf das Filet und legen Sie darauf das zweite Fischfilet, ebenfalls mit der Haut nach oben.

3 Streuen Sie eine weitere Lage Salz darüber. Legen Sie einen Teller oder einen Deckel, der in den Behälter passt, auf den Fisch und beschweren Sie den Fisch mit Gewichten einer alten Küchenwaage oder vollen Konserven- dosen. Kühlen Sie den Fisch mindestens drei Tage, prüfen Sie aber jeden Tag nach, ob der Fisch noch in der Salzlösung liegt, ggf. streuen Sie noch mehr Salz darüber.

4 Nach drei Tagen gießen Sie die Salzlake ab (das Salz hat sich vollkommen aufgelöst) und tupfen den Fisch mit Küchenpapier trocken. Wenn Sie den Fisch sofort kochen, testen Sie auf Salzigkeit, indem Sie ein kleines Stück in Milch oder Wasser kochen. Wenn der Fisch zu salzig ist, weichen Sie ihn zuerst ein oder zwei Stunden in kaltem Wasser ein. Alternativ können Sie den Fisch für eine längere Aufbewahrung auch trocknen.

Eingelegter Fisch mit asiatischen Gewürzen

Für einige von uns mag die Vorstellung, Fisch einzulegen, seltsam erscheinen, aber das Ergebnis ist außerordentlich köstlich. Die meisten Fischarten, ob weiß oder fett, eignen sich gut dafür. Sie werden in eine Mischung aus süßlichem Essig mit Gewürzen und anderen Würzmitteln eingelegt und mindestens 24 Stunden gekühlt, bevor sie serviert werden, damit der Fisch richtig in der Würzsauce „baden" kann. Angerichtet wird der fertige Fisch mit warmem Vollkornbrot oder Fladenbrot.

Zutaten

Filets von 8 Heringen oder kleinen Makrelen

2 rote Zwiebeln, sehr dünn geschnitten

2 TL zerstoßene Korianderkörner

2 TL zerstoßene Kreuzkümmelsamen

2½ TL Salz

100 g Streuzucker

½ TL getrocknete, zerstoßene Chili

3 Knoblauchzehen, dünn geschnitten

300 ml weißer Weinessig

2 EL gehackter Koriander

2 EL gehackte Minze

1 Untersuchen Sie den Fisch auf kleine Gräten und entfernen Sie sie ggf. mit eine Pinzette. Legen Sie die Filets auf eine große flache Schale und verteilen Sie die Zwiebeln auf dem Fisch.

2 Erhitzen Sie die Korianderkörner und die Kreuzkümmelsamen in einer kleinen trockenen Pfanne ca. 30 Sekunden lang. Fügen Sie Salz, Zucker, Chilis, Knoblauch und Essig hinzu. Erhitzen Sie die Mischung bis sie fast kocht und nehmen Sie sie dann vom Herd.

3 Lassen Sie die Mischung fünf Minuten ruhen, dann heben Sie den gehackten Koriander und die Minze darunter und gießen die fertige Mischung über den Fisch. Bedecken Sie die Schale mit dem Fisch locker mit Frischhaltefolie und kühlen Sie den Fisch eine Woche lang. Servieren Sie ihn bei Zimmertemperatur mit Brot oder Fladenbrot, mit dem die Sauce aufgesaugt werden kann.

Gravad Lachs

Nach diesem schwedischen Rezept kann Fisch in kurzer Zeit auf delikate Art gebeizt werden. Normalerweise nimmt man dafür Lachsfilets, aber auch große Forellenfilets können im Ganzen so zubereitet werden. Gravad Lachs, der in hauchdünnen Scheiben serviert wird, ähnelt in der Konsistenz geräuchertem Lachs, er ist eine köstliche Vorspeise oder ein Imbiss und Ihre hausgemachte Version wird Sie nur einen Bruchteil im Vergleich zu gekauftem kosten.

Zutaten

2 Lachsfilets von je ca. 500 g

25 g fein gehackter Dill

40 g Meeressalz

50 g Streuzucker

3 EL schwarze oder weiße Pfeffer-körner, fein zerstoßen

FÜR DIE SAUCE

2 EL brauner französischer Senf

1 ½ EL Streuzucker

5 EL gehackter Dill

100 ml Mayonnaise

1 Legen Sie die Filets auf ein Brett und suchen Sie nach verbliebenen kleinen Gräten, die Sie ggf. mit einer Pinzette entfernen. Tupfen Sie die Filets mit Küchenpapier trocken.

2 Legen Sie ein Filet mit der Haut nach unten in einen Keramik-, Plastik- oder Glasbehälter, der groß genug ist, die Fische so aufzunehmen, dass sie gerade liegen. Vermischen Sie Dill, Salz, Zucker und Pfefferkörner und verteilen Sie die Mischung mit einem Löffel über die ganze Länge des Filets. Darauf legen Sie das zweite Filet mit der Haut nach oben.

3 Bedecken Sie den Behälter lose mit Folie und legen Sie darauf einen kleinen Teller oder einen Deckel, der kleiner als der Behälter ist. Dann beschweren Sie den Fisch mit Gewichten einer Küchenwaage oder vollen Konservendosen. Kühlen Sie den Fisch zwei bis drei Tage, wenden Sie ihn zweimal täglich, damit jedes Filet gleichmäßig gebeizt wird. Die Salzmischung wird während des Vorgangs allmählich flüssig.

4 Für die Sauce werden Senf, Zucker, Dill, Mayonnaise verrührt und in eine kleine Schale gefüllt.

5 Nehmen Sie den Lachs aus dem Behälter und teilen Sie die beiden Filets. Verwenden Sie ein scharfes Messer, schneiden Sie schräg dünne Scheiben vom Lachs ab, so dass jede Scheibe mit etwas Dill und Pfeffer am oberen Rand bedeckt ist. Servieren Sie den Lachs mit der Sauce.

Brandade

Servieren Sie dieses cremige Püree als sommerlichen Imbiss oder als Vorspeise mit warmem Brot. Das Gericht wird mit schwarzen Oliven und Petersilie bestreut oder mit pochierten Wachtel- oder Hühnereiern belegt.

1 Gießen Sie den Fisch ab und legen Sie ihn in eine Bratpfanne. Geben Sie frisches Wasser in die Pfanne, bis der Fisch bedeckt ist, fügen Sie die Lorbeerblätter und die Zwiebel hinzu, und bringen Sie alles zum Kochen. Reduzieren Sie die Hitze und simmern Sie den Fisch ca. 15 Minuten, bis er ganz zart ist. Danach abgießen und auf einen Teller legen.

Zutaten

700 g gesalzene weiße Fischfilets, siehe S. 26, die 24-48 Stunden in kaltem Wasser eingeweicht wurden, bis sie weich sind

3 Lorbeerblätter

1 geviertelte Zwiebel

300 ml Sahne

100 ml Olivenöl

100 ml Milch

4 zerstoßene Knoblauchzehen

Ausgepresster Zitronensaft plus Zitronenschnitze zum Servieren

Reichlich frisch gemahlener schwarzer Pfeffer

2 Wenn der Fisch ausreichend abgekühlt ist, entfernen Sie die Haut und verbliebenen Gräten. Geben Sie Sahne, Öl und Milch zusammen mit dem Knoblauch in eine Pfanne und kochen Sie die Flüssigkeit leicht auf.

3 Geben Sie den Fisch in einen Mixer und pürieren ihn zu Mus. Geben Sie ein wenig der Sahnemischung dazu, bis der Fisch cremig ist. Während der Mixer weiterläuft, wird die restliche Sahnemischung dazugegeben und so lange gerührt, bis eine leichte lockere Crème entstanden ist. Schmecken Sie mit Zitronensaft und schwarzem Pfeffer ab.

4 Füllen Sie die Crème in eine Schüssel und servieren Sie das noch warme Gericht mit Zitronenschnitzen, knusprigem warmem Brot und Oliven. (Sollte die Crème nicht mehr warm genug sein, kann sie vorsichtig in einer Pfanne aufgewärmt werden.)

Pökeln mit Lake

Diese Form des Pökelns ist normalerweise für Speck und Schinken gedacht, den Sie nach dem Pökeln kochen oder braten wollen. Beim Pökeln
mit Lake wird ebenfalls Salz zusammen mit ähnlichen Aromastoffen wie
beim Trockenpökeln verwendet, außer, dass die Zutaten mit einer Flüssigkeit gemischt werden. In dieser Lösung muss das Fleisch ziehen. Normalerweise wird diese Art des Pökelns für Schweinefleisch verwendet, um einen
nassgepökelten Speck (früher allgemein als grüner Speck bekannt) oder
Schinken herzustellen. Nasspökeln empfiehlt sich für Breitengrade, in
denen das Klima kühler und Lufttrocknen weniger erfolgreich ist.
Gesalzenes Rindfleisch ist ein weiteres bekanntes Beispiel dieser Technik,
und Ihr hausgemachtes gesalzenes Rindfleisch wird bei weitem besser sein
als jedes gekaufte. In Lake gepökeltes Fleisch kann noch einen Schritt
weiter behandelt werden, indem der Geschmack durch Kalträuchern
verstärkt wird (siehe Seite 90), bevor das behandelte Fleisch gekocht wird.
Alle in Lake gepökelten Fleischsorten werden
vor dem Verzehr gekocht.

Die meisten Schinken- oder Speck-
sorten, die wir kaufen, wurden in
Lake gepökelt, weil dieser Vorgang
für den Hersteller
schneller vonstatten-
geht und rentabler ist.
Mit Hilfe eines Injek-
tors wird die Lake in die
Fleischstücke gespritzt, um die Stellen zu erreichen,
die durch das Einlegen in Lake nicht erreicht werden können. Dadurch
wird der Pökelprozess beschleunigt und das Fleisch ist besser
zum Essen geeignet, weil es sicherer vor Bakterien ist. Injektoren
für Lake sind für das hausgemachte Pökeln nicht
unbedingt erforderlich, doch eine
lohnende Investition, wenn Sie
große Fleischstücke pökeln
wollen, zum Beispiel ein
Fleischstück von mehr
als 2 kg, im Gegensatz
zu dünneren Stücken wie Bauchfleisch oder Lende.

Schinken oder Speck?

Fast jedes Stück vom Schwein kann
nass- oder trockengepökelt werden,
um daraus Speck zu machen. Wenn
das Fleisch von der Hinterhand des
Schweins verwendet und dann gepökelt und gekocht wird, erhält man
Speck, doch ungekochtes gepökeltes
Schweinefleisch aus der Hinterhand
wird oftmals als Schinken bezeichnet.
Das Schinkenstück wird meist aus der
Oberschale der Hinterhand
geschnitten.

Verwendung eines Injektors
für Lake

Bevor das Fleisch in der Lake eingelegt
wird, kann etwas Lake eingespritzt
werden, um den Pökelprozess zu beschleunigen. Die zu injizierende Menge
muss nicht genau abgemessen werden, doch als Faustregel nimmt man 2
bis 3 EL Lake pro 500 g Fleisch (nicht vergessen das Fleisch zuvor zu
wiegen). Befüllen Sie den Laken-Injektor und schieben Sie ihn möglichst tief
in das Fleisch bis hin zum Knochen (falls
vorhanden). Dann ziehen Sie
den Injektor langsam
wieder heraus, wobei
Sie die Lake heraus-
drücken. Wiederholen
Sie den Vorgang für
das ganze
Fleischstück.

Der Eiertest

Das ist die einfachste Methode um
sicherzugehen, dass die Lake genügend Salz zum Pökeln enthält und es
lohnt sich, diese Methode für jeden
Pökelvorgang anzuwenden. Sobald Sie
die Zutaten vermischt haben und das
Salz aufgelöst ist, legen Sie ein ganzes
ungekochtes Ei in eine Schüssel.
Wenn sich das Ei nahe der Oberfläche der Lösung hin und her be-
wegt, ist die Lösung salzig genug.
Wenn es auf den Boden der Schüssel
sinkt oder irgendwo in der Mitte
schwebt, sollten Sie mehr Salz hinzufügen und den Test wiederholen.

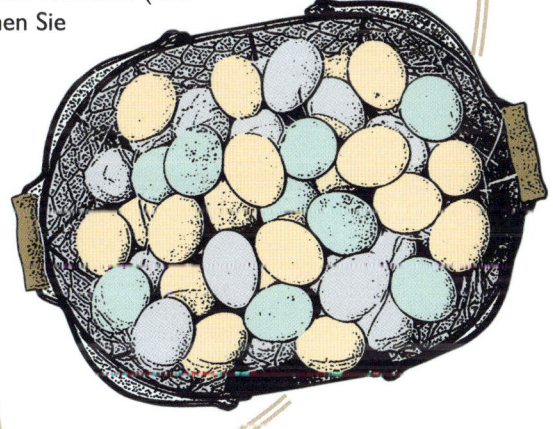

Geschmacksvariationen

Entwickeln Sie Ihre eigenen Rezepturen, indem Sie eigene Lake-mischungen zusammenstellen. Lorbeerblätter, Salbei, Rosmarin, Thymian und Petersilie können der Lake zugesetzt werden, doch sollten Sie dafür ausreichende Mengen grob gehackt verwenden, damit die Aromen zur Geltung kommen. Weitere Zutaten wie Knoblauchzehen in dünnen Scheiben, ein paar Esslöffel zerstoßener Wacholderbeeren, zerstoßene Pfefferkörner oder jede Menge ganzer Knob-lauchzehen können der Lake hinzugefügt werden. Cidre (Apfel-schaumwein), Wein oder Biere können ebenfalls verwendet werden und ganz oder teilweise an die Stelle von Wasser treten. Die Würzmischung sollte einfach sein und nicht zu viele Aromen gleichzeitig beinhalten.

Fertige Pökelsalze, sowohl die einfachen als auch solche mit verschiedenen Geschmacks-richtungen können zum Pökeln von Speck und Schinken verwendet werden. Siehe Seite 124 für Anbieter und befolgen Sie deren An-weisungen zur Zubereitung und Verwendung der Salze.

In Lake gepökelter Schinken

Pökellaken, die für Speck verwendet werden, können auch genauso gut für eine halbe oder ganze Schweine-hachse verwendet werden. Sie müssen nur die Menge der Lake verdoppeln oder verdreifachen, je nach der Größe des zu behandelnden Fleischstücks. Es lohnt sich die Lake in das Fleisch zu injizieren, um den Pökelvorgang zu unterstützen. Legen Sie das Fleisch in einen Behälter (ein großer aus Plastik ist ideal), fügen die Lake hinzu und beschweren Sie das Fleisch mit einem Gewicht. Vor dem Kochen abtropfen und abspülen.

Pökelzeiten

Für Schinken und Speck gibt es keine bestimmten Pökelzeiten, vielmehr hängt dies von der Größe des Fleischstücks und der Verwendung eines Injektors ab. Natürlich
wird das Fleisch, je länger es in der Lake liegt, salziger. Als
Regel werden 48 Stunden für ein Fleischstück von 2 kg
benötigt. Rechnen Sie 12 weitere Stunden für jedes extra Kilo
Fleisch hinzu. Wenn das Fleisch mit Lake injiziert ist, halbiert sich die
Pökelzeit.

Kochen von nassgepökeltem Speck und Schinken

Sobald Ihr Speck gepökelt, abgespült und getrocknet ist, sieht er einem im
Laden gekauften Speck sehr ähnlich (nur besser!) und kann auf die gleiche
Art gekocht werden. Bevor Sie das ganze Stück kochen,
sollten Sie ein kleines Stück abschneiden und
kochen, um es auf die Salzigkeit zu testen.
Wenn es zu salzig ist, legen Sie den Speck
in eine Schüssel mit kaltem Wasser und
lassen Sie ihn über Nacht stehen. (Sie
werden den Geschmackstest wahrscheinlich wiederholen wollen, sobald
das abgespülte Fleisch abgetropft ist,
um keine Zeit zu verlieren).

Hier ein paar Tipps, wie Sie Ihren hausgepökelten Speck verwenden können...

- Schneiden Sie den Speck in Würfel und braten Sie ihn in einer Pfanne, damit er Farbe annimmt, bevor Sie ihn Flammkuchen, Quiches, Nudelgerichten, Suppen, Omeletts oder Salaten hinzufügen.

- Schneiden Sie ihn so dünn wie möglich in Scheiben, um ihn für ein ausgiebiges Frühstück zu braten.

- Schneiden Sie ihn in größere Stücke und braten Sie ihn leicht an, bevor Sie ihn zu Geflügel- oder Wildragout, Rindereintopf oder cremiger Hühnerpastete geben.

- Schneiden Sie ihn dünn auf, grillen Sie den Speck und kombinieren Sie ihn mit Weißbrot für ein perfektes Specksandwich.

...ein paar Tipps für Ihren hausgemachten Schinken:

• Dünsten Sie ihn in einem Topf mit Wasser und reichlich Zwiebeln, Karotten, Sellerie, Thymian, Lorbeerblättern und Pfefferkörnern oder Sternanis, wobei man 20 Minuten für je 500 g ansetzt. Lassen Sie den Schinken noch 20 Minuten im Wasser ziehen und servieren Sie ihn dünn aufgeschnitten mit einer cremigen Petersiliensauce.

• Kochen Sie den Schinken wie oben angegeben, lassen ihn dann in der Flüssigkeit abkühlen und schneiden ihn dünn für leckere Sandwiches auf.

• Kochen Sie den Schinken wie oben angegeben, lassen ihn danach abtropfen und verwenden Sie die aromatisierte Brühe für die Zubereitung eines cremigen Erbsenpuddings.

• Kochen Sie den Schinken wie oben angegeben, entfernen Sie die Schwarte und legen Sie das Fleischstück in eine Bratenform mit der Fettseite nach oben. Dann bedecken Sie die Fettschicht mit einer Lage braunen Zuckers oder überziehen sie mit Honig und Senf oder einem Marmeladenguss. Anschließend wird der Schinken bei 220 °C oder Stufe 7 bei einem Gasofen gebraten bis der Guss goldbraun ist. Während des Bratvorgangs regelmäßig mit der sirupartigen Lösung begießen.

Nassgepökelter Speck

Verwenden Sie für dieses Rezept ein Stück vom Schweinenacken, Bauchfleisch oder Lende ohne Knochen. Sowohl die Lake als auch das Schweinefleisch sollten vor dem Eintauchen des Fleisches in die Lake Kühlschranktemperatur aufweisen. Dieses Rezept ist für Pökeln im Kühlschrank vorgesehen, doch wenn darin kein Platz ist, stellen Sie den Behälter mit einem festsitzenden Deckel verschlossen in einen kalten Keller oder eine kalte Speisekammer (oder in die Garage oder einen Schuppen während der Winter-monate).

Zutaten

2 kg Schweinefleisch am Stück

250 g feines Salz

2 TL gemahlener Piment (optional)

100 g Streuzucker

1,75 l kaltes Wasser

1 Geben Sie Salz, ggf. Piment, Zucker und Wasser in einen gro-ßen Behälter (in den das Fleisch auch hineinpasst), und rühren Sie so lange, bis sich das Salz aufgelöst hat.

2 Dann stellen Sie den Behälter mit der Lake in den Kühlschrank, bis er auf Kühlschranktemperatur (zwischen 0-4 °C) abgekühlt ist, bevor Sie das Fleisch, das gleichfalls Kühlschranktemperatur aufweist, einlegen.

3 Um zu gewährleisten, dass das Fleisch in der Lake eingetaucht bleibt, stellen Sie einen kleineren Behälter oben auf das Fleisch (eine kleine Plastikbrotzeitdose ist ideal) und be-schweren Sie ihn mit ein paar vollen Konser-vendosen oder Gewichten einer Küchen-waage, damit das Fleisch vollkommen einge-taucht bleibt. Dann stellen Sie den Behälter in den Kühlschrank und lassen das Fleisch ziehen (zu den Pökelzeiten siehe S. 35).

4 Nehmen Sie das Fleisch aus der Lake und spülen Sie es unter kaltem Wasser ab, damit überschüssige Lake entfernt wird. Das Fleisch wird danach für 24 Stunden auf einem Drahtrost über einer Schale im Kühlschrank getrocknet. Der Speck ist jetzt fertig zum Kochen oder er kann noch 7-10 Tage im Kühlschrank gelagert werden. Alternativ kann der Speck vor dem Kochen noch kaltgeräuchert werden.

Mit Bier, Muscovado-Zucker und Fenchel gepökelter Speck

Zutaten

2 EL Fenchelsamen

2 kg Schweinefleisch ohne Schwarte

200 g feines Salz

75 g dunklen Muscovado-Zucker

1,5 l Schwarzbier

Diese Pökelung weist ein stärkeres, biergewürztes Aroma auf und ist vielleicht etwas speziell, aber auf jeden Fall ist es ein Speck, der unverfälscht serviert werden sollte, z. B. in einem dicken Sandwich mit gebratenem Ei.

1 Zerstoßen Sie die Fenchelsamen in einem Mörser. Geben Sie die zerstoßenen Fenchelsamen in eine kleine trockene Pfanne und erhitzen Sie sie vorsichtig, bis sie anfangen zu duften.

2 Geben Sie die Samen in einen großen Behälter (in den das Fleisch hineinpasst) und fügen Sie Salz, Zucker und Bier hinzu. Rühren Sie solange um, bis sich das Salz vollständig aufgelöst hat. Dann lassen Sie die Lösung stehen, bis sich der Bierschaum gesetzt hat.

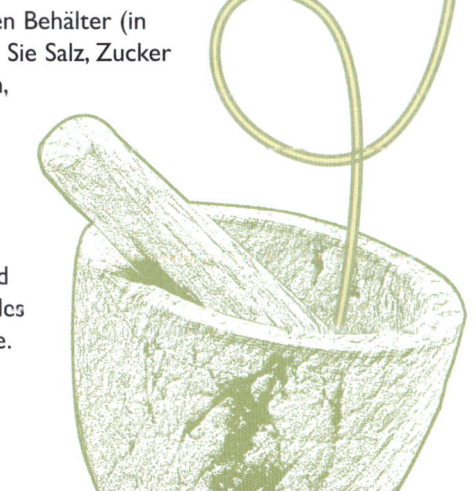

3 Legen Sie das Fleisch in die Lake und verfahren Sie nach Schritt 2, 3 und 4 des Grundrezepts auf der vorherigen Seite.

Pökellake für Fisch

Vor dem Räuchern muss Fisch nicht gepökelt werden. Tatsächlich werden ein Berg frischer Miesmuscheln oder Muscheln oder kleine frische Fische, vor allem fettige wie Sardinen oder Sprotten köstlich, wenn sie in einem Gerät zum Heißräuchern gegart werden, und die einzigen Zutaten ein paar Kräuter sind oder sie mit Öl bepinselt werden. Normalerweise wird bei einem „intensiven" Räuchern der Fisch zuerst gepökelt. Planen Sie die Pökelzeit vor dem Räuchern ein, und bedenken Sie dabei, dass der Fisch mehrere Stunden trocknen muss, bevor er auf den Rost kommt.

Für die Lake werden 550 g feines Salz in 2,25 l kaltem Wasser aufgelöst, bis die Lösung klar ist. Legen Sie ein rohes Ei in die Lösung, um zu prüfen, ob sie salzig genug ist. Schwimmt das Ei oben, ist genug Salz vorhanden, falls nicht, müssen Sie noch Salz zugeben. Gießen Sie die Lösung in einen geeigneten Behälter.

Ein rechteckiger Plastikbehälter ist ideal, doch können Sie auch Glas oder glasierte Irdenware verwenden. (Verwenden Sie keine Metallbe-hälter). Sie können der Lake noch weitere Zutaten wie Zucker, Lorbeer-blätter, Fenchel, Rosmarin, Thymian oder zerstoßene Wacholderbeeren hinzufügen. Sie können auch Weißwein, Cidre oder Bier verwenden, müssen dann aber die Menge Wasser verringern, damit die zusätzliche Flüssigkeit aufgenommen werden kann. Legen Sie den Fisch in die Lake und lassen Sie ihn ziehen, wie auf der nächsten Seite beschrieben.

Pökelzeiten

Diese variieren beträchtlich je nach Größe und Dicke des Fisches:

• Große Fischfilets (Lachs, Forelle, Schellfisch, Kabeljau, Seehecht, Meeräsche oder Köhler): 40-50 Minuten
• Kleine Fischfilets (Makrele, Heringe, Seebrasse und Barsch): 15-20 Minuten
• Ganze Makrelen, Heringe oder kleine ganze Forellen: ca. 1 Stunde
• Kleine ganze Fische (Sardinen und Sprotten): ca. 25 Minuten

Nass- oder trockengepökelter Fisch oder Fleisch müssen vor dem Räuchern getrocknet werden. Zuerst sind der Fisch oder das Fleisch mit Küchenpapier trocken zu tupfen, dann werden Fisch oder Fleisch auf ein Drahtgitter gelegt, wo sie mehrere Stunden verbleiben. Das Trocknen kann bei Zimmertemperatur oder im Kühlschrank erfolgen.

Einsalzen von Rindfleisch

Preisgünstigere Rindfleischstücke in Lake mit aromatischen Gewürzen einzulegen konserviert das Fleisch, verleiht ihm Aroma und sorgt für eine zarte Beschaffenheit, wenn es gekocht wird. Haus-gepökeltes gesalzenes Rindfleisch hat ein köst-liches Aroma und zergeht nach dem Kochen auf der Zunge. Wie alle gepökelten Fleischsorten muss es nach dem Pökeln in Wasser eingelegt werden, um überschüssiges Salz zu entfernen, weshalb Sie im Voraus planen müssen, wann das Fleisch fertig sein soll, damit es nach dem Pökeln an dem Tag gekocht werden kann, an dem Sie es wollen.

Gepökeltes Rindfleisch

Sie müssen das Rindfleisch acht Tage vor dem Servieren einlegen.

Zutaten

250 g heller Muscovado-Zucker

500 g feines Salz

4 Knoblauchzehen in Scheiben

1 TL zerstoßene Muskatblüte

2 TL zerstoßene Wacholderbeeren

2 TL zerstoßene Korianderkörner

50 g gehackter frischer Ingwer

1 TL ganze Nelken

1,8 kg Rinderbrust

1 Geben Sie Zucker, Salz, Knoblauch, Muskatblüte, Koriander, Ingwer und Nelken in einen großen Behälter (der groß genug ist, das Fleisch aufzunehmen) und fügen 2,5 l kaltes Wasser hinzu. Rühren Sie die Mischung solange, bis sich Zucker und Salz vollständig aufgelöst haben.

2 Legen Sie das Rindfleisch in die Lake, die das ganze Fleisch bedecken muss. Damit das Rindfleisch in der Flüssigkeit einge-tauch bleibt, stellen Sie einen etwas kleineren Behälter auf das Fleisch (eine kleine Plastikbrotzeitdose ist ideal) und beschweren ihn mit ein paar vollen Konservendosen oder Gewichten einer Küchenwaage. Dann stellen Sie den Behälter in den Kühlschrank und lassen das Fleisch eine Woche lang ziehen.

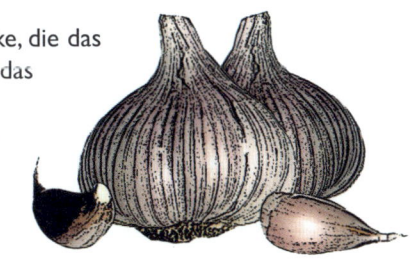

3 Heben Sie das Fleisch aus der Lake und weichen Sie es weitere 24 Stunden in kaltem Wasser ein, wechseln Sie aber das Wasser alle paar Stunden, um das überschüssige Salz zu entfernen. Das Rindfleisch kann jetzt gekocht werden, wie nachfolgend beschrieben.

Kochen von gepökeltem Rindfleisch
Legen Sie das Fleisch in einen ausreichend großen Bratentopf und umgeben es mit reichlich gehackten Karotten, Zwiebeln und Sellerie. Geben Sie genug Wasser hinzu, bis das Fleisch bedeckt ist. Dann wird das Fleisch im vorgeheizten Ofen zugedeckt bei 150 °C oder Stufe 2 bei Gasherden ca. 3 Stunden lang gegart bis es zart ist.

Gepökeltes Rindfleisch schmeckt besonders gut mit Meerrettich oder Senfpüree, Gemüse der Saison und mit etwas Bratensaft begossen. Reste können kalt als Belag für Sandwiches dienen oder fein gehackt und mit Kräutern und ausreichend weicher Butter als Bindemittel vermengt als eine Art Pastete in Gläsern aufbewahrt werden.

Pastrami

Pastrami ist gepökeltes Rindfleisch, das geräuchert und gekocht wurde. Es gibt verschiedene Stadien der Herstellung, aber der Vorgang ist so einfach und der Erfolg garantiert. Gutes Pastrami ist so zart wie warmes Pökelfleisch, so dass es nach dem Kochen leicht in Stückchen zerfällt. Es kann auch gekühlt und mit Gewichten beschwert werden, um besonders dünne Scheiben schneiden zu können. Es wird mit Roggenbrot und Gewürzgurken serviert oder mit Zutaten nach Geschmack und Belieben.

Zutaten

1,8 kg gepökeltes Rindfleisch, siehe S. 42, das 24 Stunden in Wasser eingeweicht wurde

4 EL schwarze Pfefferkörner

4 EL Korianderkörner

1 Nehmen Sie das Rindfleisch aus der Lake, lassen es abtropfen und trocknen es mit mehreren Lagen Küchenpapier. Schneiden Sie das Fleisch der Länge nach in zwei Hälften, um daraus zwei dünne Stücke zu bekommen.

2 Zerstoßen Sie die Pfefferkörner und Korianderkörner, aber nicht zu fein.

3 Legen Sie das Fleisch auf ein Brett und reiben Sie die Pfefferkörner und den Koriander auf allen Seiten des Fleisches ein, bis es vollkommen damit überzogen ist.

4 Räuchern Sie die Fleischstücke heiß für 1,5 bis 2 Stunden auf einem Rundgrill oder in einem Heißräucherofen (siehe Schritt 5) bis die Oberfläche dunkelbraun ist. Wenn Sie einen Grill verwenden, garen Sie das Fleisch erst auf einer Seite und wenden Sie es dann mehrmals, damit es nicht knusprig wird.

5 Heizen Sie den Ofen auf 120 °C oder den Gasherd auf Stufe ½ vor. Legen Sie das Fleisch auf einen Rost über einer Bratenform, in die Sie ca. 3 cm kochendes Wasser schütten. Dann bedecken Sie die Bratenform mit Folie, die an den Rändern der Bratenform fest anliegen muss, damit der Dampf nicht entweichen kann.

6 Garen Sie das Fleisch im vorgeheizten Ofen 3,5 bis 4 Stunden oder bis es vollständig zart ist. Servieren Sie es heiß und in dicke Stücke geschnitten oder nehmen Sie das Fleisch aus dem Ofen und lassen es abkühlen.

Pastrami vor dem Schneiden pressen

Um kaltes Pastrami in dünne Scheiben für Sandwiches schneiden zu können, wird das Fleisch, was am einfachsten und die traditionelle Methode ist, zunächst mit Gewichten beschwert, um das Fleisch zu komprimieren. Dazu wird das Fleisch auf einen flachen Teller gelegt und lose mit Folie bedeckt. Darauf kommt ein Behälter, der mit Konservendosen oder Gewichten einer Küchenwaage beschwert wird. Das Fleisch wird über Nacht in den Kühlschrank gestellt, bevor es fein geschnitten wird.

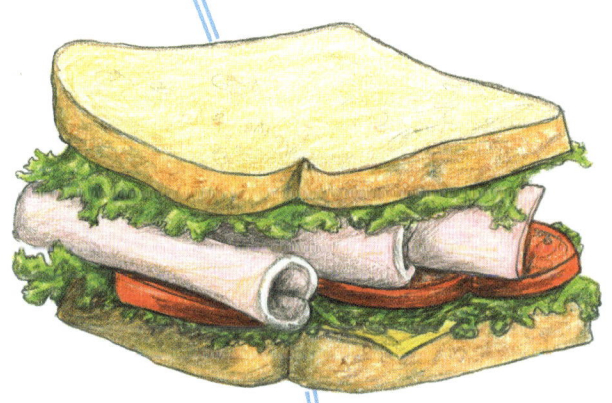

Tipps fürs Pökeln

• Legen Sie sich alles fürs Pökeln zurecht, damit Sie, sobald Sie Fleisch oder Fisch gekauft haben, dieses auch sofort verarbeiten können und Sie nicht erst nach Gerätschaften und Zutaten suchen müssen, während Fisch und Fleisch tagelang im Kühlschrank liegen.

• Sobald der gepökelte Speck abgespült und getrocknet ist, schneiden Sie ein kleines Stück ab, das Sie braten, um auf es auf den Salzgehalt zu prüfen. Wenn es zu salzig ist, legen Sie den Speck 6 bis 8 Stunden in kaltes Wasser, damit er genießbarer ist.

• Mitunter bildet sich auf dem Speck während der Lagerung ein weißer pulverförmiger Schimmel, der nicht schädlich ist und mit einem essiggetränkten Tuch abgewischt werden kann.

• Während des Pökelvorgangs sollte die Flüssigkeit ab und zu umgerührt werden, falls sich die Gewürze am Boden abgesetzt haben.

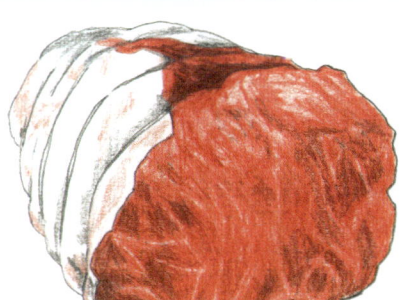

● Verwenden Sie nur Fleisch
oder Fisch guter Qualität für
hausgemachtes Pökeln. Wenn Sie
große Mengen pökeln wollen,
müssen Sie wahrscheinlich im
Voraus bestellen.

● Sie sollten jedes Mal, wenn Sie etwas Neues
beim Pökeln ausprobieren, sich
Notizen machen und den
Vorgang genau beobachten.
Wahrscheinlich werden Sie
je nach Jahreszeit unter-
schiedliche Ergebnisse erzielen,
so dass es ratsam ist ein Tagebuch
über Ihre Erfolge zu führen.
Notieren Sie sich auch alle Gewürze
und Aromen, die Sie zum ersten Mal ausprobieren. Sie werden sich leichter daran er-
innern, was Sie der Salami beigegeben haben,
wenn Sie sie gerade in die Wursthaut gefüllt haben,
als drei Monate später, wenn Sie sie verstauen.

● Verwenden Sie die gleiche Lake nicht mehrmals, weil sich bestimmte
Bakterientypen in der abgestandenen Lake vermehren können.

● Gepökeltes Fleisch sollte einen angenehmen Geruch haben, genauso wie
in einem Delikatessengeschäft. Kontrollieren Sie Ihr trocknendes Fleisch
oder den Fisch, denn wenn sie anfangen schwarz zu werden oder schlecht
riechen, sollten Sie sie wegwerfen. Dann müssen Sie leider von vorn
beginnen.

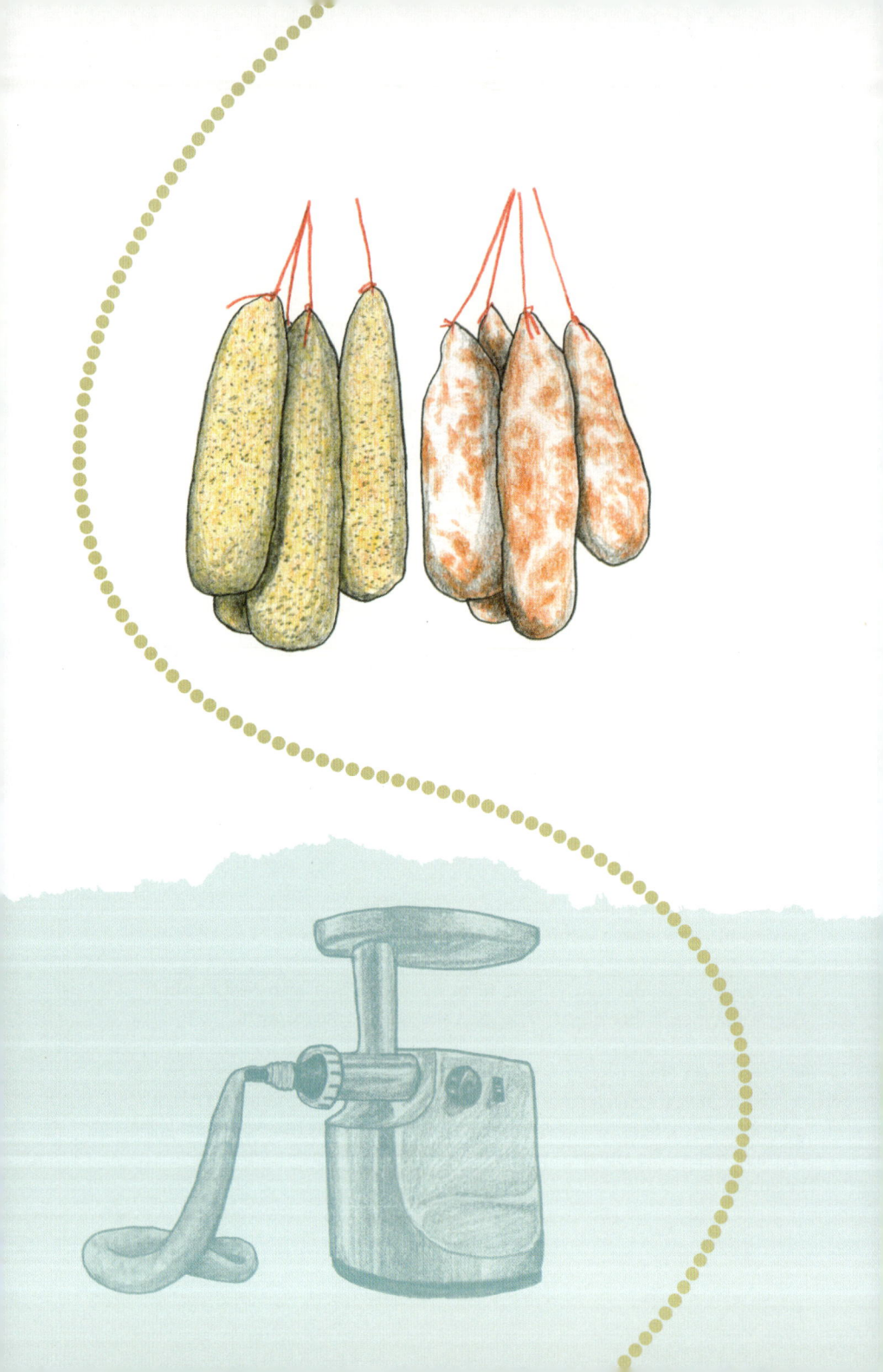

Lufttrocknen

Luftgetrocknetes Fleisch hat aufgrund des langen Reifungsprozesses eine völlig andere Beschaffenheit und einen ganz anderen Geschmack. Prosciutto und Salami sind klassische Beispiele luftgetrockneten Fleisches, die durch Salzen und Aufhängen an einem trockenen gut gelüfteten Ort über Wochen (und bis zu acht Monaten für große Fleischstücke) konserviert werden, bis alle Feuchtigkeit entzogen ist und sich ein köstlicher Geschmack entwickelt hat.

Luftgetrocknetes Fleisch

Luftgetrocknetes Fleisch ist normalerweise ziemlich teuer, vor allem wenn es von einem ganzen luftgetrockneten Fleischstück abgeschnitten wird, weshalb es sich lohnt, es selbst herstellen. Der Erfolg hängt dabei von der Genauigkeit ab, mit der Sie die Zutaten abwiegen (z. B. Verhältnis Salz zu Fleisch), aber auch von der Sauberkeit der Zutaten und Gerätschaften, und was noch wichtiger ist, vom Trocknen selbst. In manchen Klimazonen ist es schwierig den richtigen Ort zu finden, der gut gelüftet ist und an dem trockne Luft ungehindert zirkulieren kann. Viele Rezepte empfehlen ein Nebengebäude, in dem Türen oder Fenster offen bleiben können, oder eine Veranda, einen gut gelüfteten Keller oder sogar den Carport. Ist keine dieser Örtlichkeiten verfügbar, kann das Trocknen erfolgreich werden, wenn das Fleisch vor einem offenen Fenster hängt, durch das kühle Luft eindringt, wie bei einem Fenster in einer Nordwand.

Salami und Chorizo

Hausgemachte Salami und Chorizo sind einfach köstlich. Sie können mit Ihren eigenen Gewürzzutaten experimentieren und selbst entscheiden, wie grob oder fein das Fleisch sein soll. Ausschlaggebend ist der exakte Prozentsatz von Fleisch und Salz. Verwenden Sie 25 g feines Salz für ein 1 kg Fleisch. Mindestens zehn Prozent des Fleisches sollen fett sein. Fragen Sie Ihren Metzger nach Rückenspeck, der reines Fett unter der Schweineschwarte ist. Der Rest kann mageres Schweinefleisch von jedem anderen Stück sein. Nach dem Trocknen können Salami und Chorizo mehrere Wochen im Kühlschrank aufbewahrt werden. Für eine längere Lagerung empfiehlt sich der Tiefkühlschrank.

Wursthäute

Es gibt sowohl synthetische als auch natürliche Wursthäute. Sollte es möglich sein, natürliche Wursthäute zu bekommen, sind diese zu bevorzugen, wenn Sie selbst Wurst herstellen wollen. Sie können Schafsdarm als Wursthaut verwenden, mit der sie eine dünnere Salami herstellen können, oder Rinderbutte, manchmal als Ochsendarm bezeichnet, die mit dickeren Salamis gefüllt werden kann. Eine dünnere Salami trocknet schneller, daher ist sie für einen Erstversuch besser geeignet. Die Wursthäute werden zur Vorbereitung in kaltem Wasser 10 bis 15 Minuten eingeweicht, bis sie formbar und weich sind. Dann wird das Wasser abgegossen, und die Häute werden verwendet solange sie noch nass sind, aber nicht mehr tropfen. Übriggebliebene Häute können für das nächste Mal eingefroren werden.

Wurst füllen mit der Wurstmaschine
Das ist die bequemste Art, Würste abzufüllen. Stecken Sie einfach eine Wursthaut auf das größte Füllhörnchen der Wurstmaschine und lassen das andere Ende der Wursthaut offen. Dann bestücken Sie die Maschine mit der Fleischmischung und pressen langsam die Füllung mit einer Hand hindurch, wobei Sie die Wursthaut mit der anderen Hand während des Füllvorgangs unterstützen, damit sich die Füllung gleichmäßig verteilt. Sobald die erforderliche Länge erreicht ist, nehmen Sie die Wursthaut von der Maschine, lassen aber dabei an beiden Enden genügend leere Wursthaut überstehen, die Sie so eng es geht an der Füllung verknoten. Dann binden Sie an einem Ende eine Schnur zum Aufhängen und Trocknen fest.

Wurst füllen mit der Hand
Mit der Hand Würste zu füllen erfordert wesentlich mehr Geschick als mit der Wurstmaschine, ist aber kostengünstiger, wenn es um erste Versuche geht. Die Häute sind wie oben vorzubereiten. Verwenden Sie einen großen Trichter, dessen Öffnung mindestens 1,5 cm Durchmesser hat. Dann stülpen Sie die Wursthaut über die Trichteröffnung. Bestücken Sie den Trichter mit der Wurstfülle und pressen Sie sie in die Wursthaut.

Aufhängen

Sobald Sie einen geeigneten Platz zum Aufhängen des Fleisches gefunden haben, benötigen Sie eine Vorrichtung zum Aufhängen. Eine stabile Vorhangstange ist ideal, wenn Sie das Fleisch vor einem Fenster aufhängen, ansonsten benötigen Sie eine solide, kleine Stange mit Haken, an denen Sie die Schlaufen der Würste aufhängen oder die Schnur des Fleisches befestigen. Achten Sie darauf, dass sich weder Würste noch Fleisch gegenseitig oder die Wand berühren.

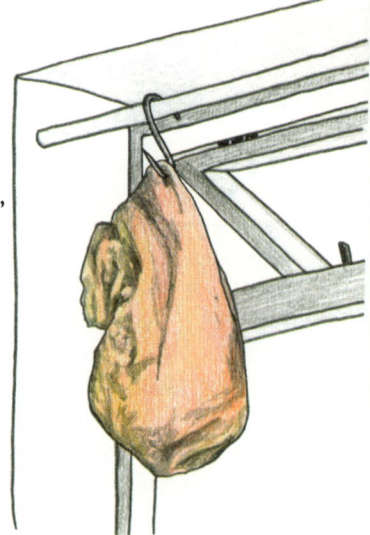

Trockenzeiten für Salami

Die Trockenzeiten können zwischen zwei und drei Wochen variieren. Drücken Sie auf das Fleisch in der Mitte der Wurst, um festzustellen, ob sie fertig ist. Ist sie fest und gibt kaum nach, nehmen Sie die Salami vom Haken und schneiden das Ende ab. Ist sie in der Mitte immer noch weich, muss sie noch länger trocknen. Bedenken Sie, dass die Salami, je länger sie zum Trocknen aufgehängt ist, umso trockener wird. Eine Salami kann leicht zu trocken werden, so dass sie zäh und schwer zu kauen ist.

> **Tipps**
>
> • Versuchen Sie doch einmal andere Geschmackszutaten wie Senf, Sellerie, Kümmel, Kreuzkümmel oder Korianderkörner, scharfe Paprika, gehackte Pistazien und extra Knoblauch.
>
> • Wenn Sie mit eigenen Gewürzen experimentieren, ist es ratsam eine kleine Portion der Mischung gar zu braten, um das Aroma zu prüfen. Beschaffenheit und Aroma werden nicht genauso sein wie bei der fertigen Wurst, vermitteln Ihnen aber einen Eindruck vom zukünftigen Geschmack.
>
> • Wursthaut ist essbar, kann aber vor dem Schneiden abgezogen werden.

Temperatur

Die Temperatur ist natürlich sehr schwer zu kontrollieren. Sie sollte vorzugsweise nicht über 12 °C liegen, weshalb Sie regelmäßig die Temperatur überprüfen sollten. Bei unerwartet auftretenden Hitzewellen (vor allem wenn Sie abwesend sind), legen Sie die Würste oder das Fleisch am besten in den Kühlschrank, bis die Temperaturen wieder sinken.

Salami

*Sie können eine große Salami herstellen, aber für den ersten Versuch ist es ange-
brachter kleinere Würste herzustellen, was schneller geht und mehr Erfolg ver-
spricht. Dieses Rezept ist für drei Salamis, von denen jede ungefähr 175 g wiegt.
Die Trockenzeit hängt von der umgebenden Temperatur ab und wird zwei bis vier
Wochen in Anspruch nehmen.*

1 Hacken Sie das Schweinefleisch und den Speck fein oder drehen Sie es durch den Fleischwolf. Wie grob das Fleisch sein soll, hängt von den persönlichen Vorlieben ab. Wenn Sie eine gröbere Salami bevorzugen, reicht es aus, das Fleisch fein zu hacken. Für eine feinere Beschaffenheit verwenden Sie einen Mixer oder einen Fleischwolf, um das Fleisch so zu zerkleinern, dass es der Konsistenz einer gekauften Wurst nahekommt.

Zutaten

900 g mageres Schweinefleisch in Würfeln

100 g Schweinerückenspeck in Würfeln

25 g feines Salz

1 TL Fenchelsamen, leicht zerstoßen

1 TL Paprikapulver

1 zerstoßene Knoblauchzehe

Reichlich frisch gemahlener schwarzer Pfeffer

Wursthäute oder Rinderbutte (siehe Seite 51)

2 Geben Sie das Fleisch in eine große Schüssel und fügen Sie Salz, Fenchelsamen, Paprika, Knoblauch und Pfeffer hinzu. Kneten Sie per Hand (die Hände müssen peinlich sauber sein) die Wurstmasse durch, damit die Zutaten gut miteinander vermengt sind.

3 Bereiten Sie die Wursthäute vor und füllen die Wurstmasse ein (siehe Seite 51).

Chorizo

Luftgetrocknete Chorizos können in Scheiben geschnitten und roh wie Salami ver-
zehrt werden oder sie werden Fleisch- oder Schellfischgerichten zugegeben, denen
sie einen köstlichen Geschmack von Knoblauch, Würze und kräftiger Farbe verleih-
en, die von der reichlichen Zugabe von Paprika herrührt. Geräucherte Paprika, die
in Supermärkten erhältlich ist, verleiht einen authentischen Geschmack, doch statt-
dessen kann auch normaler milder Paprika oder scharfer verwendet werden.

Zutaten

500 g mageres Schweinefleisch in Würfeln

100 g Schweinerückenspeck in Würfeln

400 g Brät guter Qualität

1 ½ EL geräucherte Paprika

3 zerstoßene Knoblauchzehen

½ TL frisch gemahlener schwarzer Pfeffer

25 g feines Salz

1 Hacken Sie das Schweinefleisch und den Speck fein oder drehen Sie beides durch den Fleischwolf, je nachdem wie fein oder grob Sie Ihre Chorizo wünschen.

2 Geben Sie das zerkleinerte Schweinefleisch und den Speck in eine große Schüssel und dazu Paprika, Knoblauch, Pfeffer und Salz. Kneten Sie per Hand die Wurstmasse durch, damit die Zutaten gut miteinander vermengt sind.

3 Bereiten Sie die Wursthäute vor und füllen die Wurstmasse ein (siehe Seite 51).

Tipps

Soll die Chorizo gekocht werden, sollte sie am besten eine oder zwei Wochen zuvor getrocknet werden, bevor sie einem mediterranen Eintopfgericht, einer Schmorpfanne oder zum Würzen einer Paella hinzugefügt wird.

Luftgetrockneter Schinken

Eine ganze Schinkenkeule an der Luft zu trocknen, ist besonders lohnens-
wert, aber es muss auch gesagt werden, dass es die größte Herausfor-
derung beim Pökeln darstellt, weil das Fleisch aufgrund der Größe leichter
für Verderb anfällig ist. Das Ergebnis Ihres selbst hergestellten luftgetrockneten Schinkens ist jedoch vergleichbar mit den teuren Prosciutto-
und Serrano-Versionen, so dass sich ein Versuch durchaus lohnt. Sie
müssen allerdings geduldig sein, denn bei diesem Verfahren können sie das
Ergebnis erst nach sechs bis acht Monaten sehen bzw. kosten. Der
Schinken wird in zwei Phasen gepökelt. Zuerst wird er mit Salz unter
schweren Gewichten gepökelt, um so viel Feuchtigkeit wie möglich zu
entziehen, und danach wird er zum Trocknen aufgehängt, um zu reifen und
das volle Aroma zu entwickeln.

Schutz für das zum Trocknen aufgehängte Fleisch

Der hohe Salzgehalt luftgetrock-
neter Schinken mag zwar unlieb-
same Fliegen und andere Schädlinge fernhalten, doch dafür gibt
es keine Garantie! Sie können jedoch als extra Schutz das Fleisch in ein
großes Stück Musselin (oder einen
Mullschlauch) stecken, das an den
Enden mit einer Schnur zusammengebunden wird. Da Musselin locker
gewebt ist, kann das Fleisch
„atmen". Die Alternative ist ein Behälter, in der Art eines Käfigs, in den
das Fleisch gehängt wird (siehe Seite
57-58). Dieser „Käfig" ist z. B. auch
für Salami und Chorizo nützlich.

Überprüfen Sie regelmäßig das Schweinefleisch während des Prozesses. Wenn es Saft aussondert oder anfängt unangenehm zu riechen, ist das Fleisch zweifellos verfault und muss weggeworfen werden. In diesem Stadium gibt es keine Rettung und es lohnt sich nicht fortzufahren. Doch dieser Fall tritt hoffentlich nicht ein und innerhalb von fünf bis acht Monaten sollte der Schinken verzehrfertig sein. Prüfen Sie das Fleisch, indem Sie fest darauf drücken. Es sollte sich fest, aber nicht steinhart anfühlen. Vielleicht befindet sich auf dem Fleisch eine dünne Schimmelschicht, die Sie mit einem essiggetränkten Tuch abwischen oder einfach abschneiden können. Schneiden Sie den Schinken möglichst dünn auf, hauchdünne Scheiben zerlegen Sie mit einem scharfen Messer.

Anleitung für einen Käfig zum Lufttrocknen

Einen Käfig zum Lufttrocknen zu bauen ist die sicherste Art Fliegen und andere unerwünschte Schädlinge fernzuhalten. Es gibt viele Arten einen solchen Schutz zu bauen, aber die grundlegende Idee ist eine kleine Konstruktion anzufertigen, die ringsum mit Maschendraht oder Musselin ohne Löcher oder Spalten umgeben ist. Der Käfig kann professionell oder stümperhaft aussehen, Hauptsache er ist gut belüftet. Die erforderliche Größe hängt davon ab, was Sie zum Trocknen aufhängen wollen. Wenn Sie einen Käfig für drei kleine Salamis anfertigen, muss der Käfig nicht mehr als 30 cm in der Breite und Tiefe messen. Wenn Sie einen ganzen Schinken darin aufhängen wollen, sollte die Breite mindestens 45 cm betragen.

Es gibt verschiedene Gegenstände, die in einen geeigneten Behälter umgewandelt werden können. Käseschachteln (oder Vorratskisten, wie sie manchmal genannt werden) mit Holzrahmen können einfach verwendet werden, indem Regalbretter und die massive Rückwand entfernt werden,

sofern vorhanden, und stattdessen eine Wand aus Maschendraht oder Musselin angebracht wird. Die Schachtel kann auf die Seite zum Aufhängen gedreht und mit einem Haken oder mehreren Haken im Inneren versehen werden.

Eine Entrümpelung des Schuppens oder der Garage bringt mitunter brauchbare Rahmen zum Vorschein, die leicht umgebaut werden können. Bedenken Sie, dass die Vorrichtung nicht zu schwer sein darf (denn das wird sie automatisch, sobald das Fleisch darin aufgehängt ist), noch zu sperrig, damit Sie leichten Zugang zum Überprüfen des Reifestadiums des Fleisches haben.

Wenn Sie mit Holzarbeiten vertraut sind, kann ein Rahmen schnell mit Hilfe von Winkeln (in jeder Ecke einer) und Holzstäben zusammengebaut werden, wobei die Winkel an den Ecken verschraubt werden. Dieses Gestell wird oben mit einem Draht zum Aufhängen versehen und dann mit Musselin oder einem Mullschlauch überzogen, der unten zusammengebunden wird, so dass Sie beim Überprüfen nur noch aufbinden müssen (siehe Abb. I).

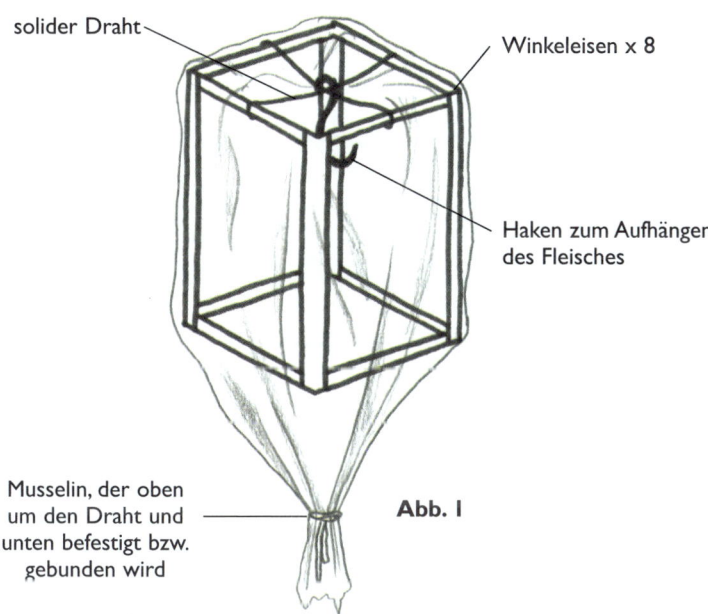

solider Draht

Winkeleisen x 8

Haken zum Aufhängen des Fleisches

Musselin, der oben um den Draht und unten befestigt bzw. gebunden wird

Abb. I

Als Alternative können Sie auch zwei stabile Drahtkleiderbügel nehmen, sie über Kreuz legen, damit sie einen viereckigen Rahmen bilden, und sie mit festem Klebeband am Hals der Bügel und an der sich kreuzenden Stelle fest verbinden. Dann ziehen Sie einen Mullschlauch darüber (mit einer Länge von 50-80 cm). Biegen Sie zwei oder drei weitere Kleiderbügel zu Reifen und befestigen Sie sie mit Klebeband aneinander. Dann schieben Sie die Kleiderbügelreifen in den Mullschlauch im Abstand von 20 cm und nähen sie mit ein paar Stichen an mehreren Stellen fest oder Sie verwenden dazu Blumendraht. Wenn das Fleisch innerhalb des Mullschlauchs aufgehängt ist, binden Sie die Enden des Musselins oben und unten zu (siehe Abb. 2). Wenn Sie Salami oder Chorizo aufhängen, verwenden Sie auch die horizontalen Drähte der Kleiderbügel zum Aufreihen der Würste. Für ein größeres Schinkenstück sind die Kleiderbügel nicht stark genug, deshalb sind zwei große Fleischerhaken ineinander gehakt zu verwenden, von denen einer für das Fleisch und der andere zum Aufhängen dient.

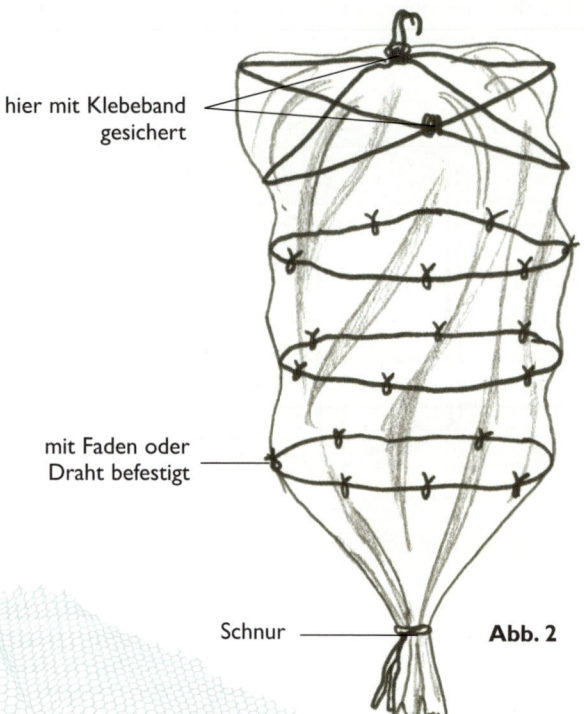

hier mit Klebeband gesichert

mit Faden oder Draht befestigt

Schnur

Abb. 2

Luftgetrockneter Schinken

Bestellen Sie beim Metzger eine Schweinekeule von guter Qualität und bitten Sie ihn, den Knochen so auszulösen, dass die Keule ganz bleibt. Sobald die Keule fertig gepökelt und getrocknet ist, kann der Schinken an einem kühlen Ort für mehrere Monate hängenbleiben und Sie können hauchdünne Scheiben abschneiden, wann immer Sie wollen.

Zutaten

1 Schweinekeule, mit ausgelösten Knochen, ohne die Keule zu zerteilen

ca. 8 kg feines Salz

1 Wiegen Sie das Schweinefleisch und legen Sie es mit der Schwarte auf die Arbeitsfläche. Untersuchen Sie es auf blutige Bereiche oder Adern, die Sie ggf. entfernen. Reiben Sie die Mitte des Fleisches mit reichlich Salz ein, das in alle Falten und Ritzen des Fleisches eingedrungen sein muss.

2 Streuen Sie eine ca. 2 cm dicke Salzschicht in einen großen Behälter, wie eine Weinkiste oder einen großen Vorratsbehälter aus Plastik. Legen Sie das Fleischstück auf das Salz mit der Schwarte nach oben und bedecken Sie das Fleisch mit dem restlichen Salz, bis es vollständig zugeschüttet ist.

3 Bedecken Sie das Fleisch mit einem Stück Holz oder einem Plastikbehälter, der in die Kiste passt. Ein kleines Tablett, ein Brett oder ein Deckel von einem kleineren Vorratsbehälter sind dafür ideal geeignet. Darauf kommt zum Beschweren ein Gewicht, das das eineinhalbfache Gewicht des Schweinefleischs hat. Ein Stein oder ein Felsstück sind dafür perfekt.

4 Berechnen Sie die Pökelzeit. Für jedes Kilo Schweinefleisch werden drei Tage Pökeln berechnet (tragen Sie in einem Tagebuch Notizen ein!).

5 Nehmen Sie die Keule aus dem Salz und wischen Sie mit einem feuchten Tuch das überschüssige Salz ab. Schieben Sie einen peinlich sauberen Fleischhaken durch die Keule und hängen Sie sie an einem geeigneten Ort zum Trocknen auf. Dieser Prozess nimmt mindestens fünf, aber eher sechs bis acht Monate in Anspruch.

Biltong

Biltong ist ein südafrikanisches Rezept für gesalzenes und getrocknetes Fleisch. Da es in Streifen gepökelt wird, kann man es leicht zu Hause zubereiten und der Vorgang nimmt nur wenige Tage in Anspruch. Magere Stücke roten Fleisches, wie Rind, Wild und Strauß ergeben ein gutes Biltong. In warmen Breitengraden wird das Fleisch traditionell luftgetrocknet, doch ist ein Umluftofen ein guter Ersatz, wenn das Wetter nicht so warm und trocken ist.

Zutaten

1 kg mageres Rindfleisch von der Oberseite, Lende oder Filet

2 EL feines Salz

Cidre oder weißer Weinessig

4 EL fein zerstoßene Korianderkörner

1 EL frisch gemahlener schwarzer Pfeffer

4 EL heller Muscovado-Zucker

1 Schneiden Sie das Fleisch quer zur Faser in 2 cm breite Scheiben, die Sie dann in etwa 1 cm breite Streifen schneiden. Die Stücke sollten vorzugsweise 15 cm lang sein, aber das hängt von der Größe des Fleischstücks ab.

2 Bestreuen Sie die Streifen mit dem Salz und legen Sie sie auf ein Sieb über einem Teller. Lassen Sie die gesalzen Streifen 2-3 Stunden stehen, bis sich eine Lache aus der Flüssigkeit des Rindfleischs auf dem Teller gebildet hat. Tupfen Sie das Fleisch mit Küchenpapier trocken und legen Sie es auf einen Teller.

3 Bestreichen Sie jeden Streifen mit einem Kuchenpinsel mit dem Essig. Vermischen Sie Koriander, Pfeffer und Zucker und geben Sie diese Mischung auf einen Teller. Dann werden die einzelnen Fleischstreifen in der Gewürzmischung gewälzt, und danach auf eine Schale nicht zu dicht nebeneinander gelegt. Das Fleisch muss über Nacht im Kühlschrank in dieser Marinade ziehen.

4 Heizen Sie den Ofen auf der niedrigsten Stufe vor. Die Temperatur sollte nicht mehr als 110 °C , bei einem Gasofen Stufe ¼ betragen. Legen Sie die Streifen nicht zu dicht nebeneinander auf einen Rost und lassen Sie sie 4-5 Stunden trocknen. In dieser Zeit verlieren die Fleischstreifen etwa 30-40 % ihres Anfangsgewichts. Das Fleisch ist fertig, wenn es kaum mehr zu biegen, aber nicht brüchig ist. Nehmen Sie es aus dem Ofen, lassen es vollständig auskühlen und bewahren es dann in einem luftdichten Behälter auf. Sie können es bis zu vier Wochen an einem kühlen Ort aufbewahren.

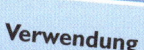

Verwendung

Biltong wurde vor dem Einzug des Kühlschranks ursprünglich als Nahrungsmittel zubereitet, das bei heißem Wetter nicht verderben kann. Heute ist es vor allem ein Imbiss und weniger eine Zutat zu einem Gericht. Zu große Mengen können längerfristig eingefroren werden.

Tipps

• Wild ergibt ebenfalls ein gutes Biltong. Nehmen Sie dazu magere zarte Stücke wie Hüfte oder Lende.
• Wenn Sie Zeit haben, legen Sie das Fleisch für ein paar Stunden in den Tiefkühlschrank, damit es ein wenig fest wird, was das Schneiden erleichtert.
• Wenn es getrocknet ist, sollte Biltong eine dunkle Farbe aufweisen und sich fest anfühlen, aber weich sein, wenn man darauf drückt.

Luftgetrocknetes gesalzenes Rindfleisch

Dieses Rezept imitiert Bresaola, gepökeltes Fleisch auf italienische Art, das in hauchdünnen Scheiben mit ein paar Spritzern Olivenöl und ein paar Tropfen Zitronensaft serviert wird und einfach köstlich ist. Wenn das Fleisch aufgeschnitten ist, erscheint es am Rand braun und ist in der Mitte heller und weicher.

1 Entfernen Sie alles Fett an der Außenseite des Fleisches und legen Sie es in einen nicht metallischen Behälter, der groß genug ist, das Fleisch aufzunehmen. Das ist wichtig, weil das Fleisch vollständig in der Marinade eingelegt sein muss.

Zutaten

2 kg Hüfte vom Rind

25 g Rosmarinnadeln

3 Lorbeerblätter

2 TL schwarze Pfefferkörner

1 TL zerstoßene getrocknete Chili

4 zerstoßene Knoblauchzehen

300 g feines Salz

200 g Streuzucker

1 Flasche italienischer Rotwein

2 Streifen Sie die Nadeln von den Rosmarinzweigen und legen Sie sie in eine kleine Schüssel einer Küchenmaschine oder eine Gewürzmühle zusammen mit den Lorbeerblättern, Pfefferkörnern und getrockneten Chilischoten und zerkleinern sie alles, bis es fast pulverisiert ist. Schütten Sie die Gewürzmischung in eine Schale, geben Knoblauch hinzu, Salz und Zucker und vermengen alles gründlich.

3 Reiben Sie das Fleisch mit der Gewürzmischung auf allen Seiten ein, und wenden Sie das Fleisch, damit es auf allen Seiten gleichmäßig gewürzt wird. Bedecken Sie das Fleisch lose mit einer Frischhaltefolie und kühlen es 24 Stunden lang.

4 Gießen Sie den Wein in die Schale und pökeln Sie das Fleisch für eine weitere Woche. Wenden Sie ab und zu das Fleisch, sollte es nicht vollständig von der Lake bedeckt sein.

5 Gießen Sie die Lake ab, lassen Sie das Fleisch abtropfen und tupfen es danach mit Küchenpapier trocken. Das Fleisch wird in Musselin gewickelt, der an beiden Enden mit einer Schnur festgebunden wird. Wickeln Sie die Schnur im Abstand von 5 cm um das gesamte Fleischstück. Auf diese Weise wird die Form des Fleisches beibehalten, wenn es aufgehängt ist.

6 Hängen Sie das Fleisch an einem trockenen Ort für 2-4 Wochen auf. Stellen Sie eine Schale darunter, um eventuell austretende Säfte aufzufangen. Das Fleisch ist fertig, wenn es auf Druck nicht mehr nachgibt.

7 Wickeln Sie das Fleisch aus und schneiden es in hauch-dünne Scheiben. Be-wahren Sie es bis zu einem Monat lang im Kühlschrank mit Musselin oder Butterbrotpapier lose bedeckt auf.

Verwendung

Luftgetrocknetes Rindfleisch kann auf viele Arten serviert werden, doch empfiehlt es sich, nicht zu viele Zu-taten zu verwenden. Hobeln Sie kleine Stücke ab und streuen Sie sie über Blattsalate zusammen mit Parmesanspänen und einigen Spritzern Olivenöl. Köstlich ist die Variante mit saftigen süßen Melonen-scheiben oder auf eine einfache Pizza gestreut.

Confit

Confit ist eine Art Fleisch im eigenen Fett durch Kochen und luftdicht verschließen haltbar zu machen. Durch die Aufbewahrung des Fleisches im eigenen Fett wird das Wachstum von Bakterien verhindert. Das Fleisch wird
vor dem Kochen mit Salz eingerieben, um den Geschmack zu intensivieren
und die Feuchtigkeit zu entziehen. Gans und Ente werden am meisten
dafür aufgrund ihrer natürlichen hohen Fettanteile verwendet, die sich
während des Köchelns absetzen und zum Einlegen dienen. Das Erfolgsge-
heimnis ist ein langes Köcheln, bis das Fleisch butterweich ist und in saftigen Streifen von den Knochen fällt. Das fertige Confit, das im schützenden
Fett eingelagert ist, kann an einem kühlen Ort mehrere Monate lang aufbewahrt werden, bevor es verzehrt wird. Wenn Sie keinen geeigneten
Keller, eine Speisekammer oder einen anderen sehr kühlen Raum haben,
der dafür sorgt, dass das Fett fest bleibt, stellen Sie das Confit in den
Kühlschrank.

Behälter zum Aufbewahren

Nach dem Kochen müssen Sie das Fleisch in Behälter füllen, die ausreichend Platz bieten. Drahtbügelgläser sind ideal. Es gibt sie in verschiedenen
Größen. Sie haben einen Deckel mit Gummilippe und Drahtbügel oder
einen Metalldeckel und einen Metallring zum Aufschrauben. Waschen Sie
die Gläser gründlich vor der Verwendung und stellen Sie sie in einen Ofen
bei 150 °C für 15 Minuten, bevor Sie die Gläser bestücken. Weitere geeignete Behälter sind
Terrinen aus Glas oder
glasierter Irdenware mit
Deckel. Da deren Deckel
nicht vollständig luftdicht
schließt, werden sie am
besten im Kühlschrank
aufbewahrt.

Verwendung von Confits

Confits dienen meistens als Zutat zu Gerichten wie Cassoulet oder
werden mit Bohnen oder Linsen zu einem deftigen Wintereintopf ver-
arbeitet. Fruchtige Saucen wie jene, die Sie mit Wild servieren, sind eine
gute Beilage, die für einen Ausgleich bei der Reichhaltigkeit des Gerichts
sorgt. Für ein sommerliches Gericht kann das knusprig gebratene Fleisch
für Salate zerpflückt werden oder man serviert es mit warmem Brot, eingelegten Zwiebeln, Essiggürkchen, Apfelkompott oder gebratenen
Schalotten.

Konfierte Ente

Konfierte Ente, bei der sich butterweiches Fleisch und goldene knusprige Haut verbinden, ist ein absoluter Hochgenuss. Perfekt serviert mit Gemüse oder als Zutat in einem Cassoulet oder Eintopf können Sie nach eigenem Geschmack unterschiedliche Kräuter und Gewürze hinzufügen.

Zutaten

6 große Entenkeulen

25 g Meersalz

1 EL fein gehackter Thymian

2 zerbröselte Lorbeerblätter

6 zerstoßene Knoblauchzehen

650 g Gänse- oder Entenschmalz

1 TL frisch gemahlener schwarzer Pfeffer

1 Legen Sie die Entenkeulen mit der Haut nach unten auf ein Schneidbrett und durchtrennen Sie das Gelenk. Schaben Sie das Fleisch bis zur Hälfte vom Knochen und entfernen Sie ihn. Wiederholen Sie den Vorgang bei allen anderen Keulen. (Dieser Schritt ist nicht unbedingt erforderlich, doch hat die Keule dann weniger Knochen und kann leichter gekocht und besser in den Behälter gepackt werden.

2 Vermischen Sie Salz, Thymian, Lorbeerblätter und Knoblauch und reiben damit die Entenkeulen auf allen Seiten ein. Danach legen Sie sie in einen flachen, nicht metallischen Behälter. Bedecken Sie die Keulen lose mit Frischhaltefolie und kühlen Sie sie 24-48 Stunden.

3 Heizen Sie den Ofen auf 150 °C oder Stufe 2 beim Gasofen vor. Nehmen Sie die Entenkeulen aus dem Behälter, schaben die Beize ab und heben Sie auf. Tupfen Sie das Fleisch mit Küchenpapier trocken. Erhitzen Sie zwei Esslöffel des Schmalzes in einer großen Bratpfanne und braten darin die Entenkeulen mit der Haut nach unten bis sie goldbraun sind. Legen Sie die Keulen danach in eine feuerfeste Auflaufform, in die die Keulen bequem passen.

Fügen Sie die Salzmischung und das Schmalz in die Pfanne bei niedriger Hitze bis das Schmalz geschmolzen ist. Geben Sie die Schmalzmischung über die Entenkeulen und garen Sie sie im Ofen 1½ bis 2 Stunden oder so lange, bis das Fleisch so zart ist, dass es leicht von den Knochen gelöst werden kann. Zum Abkühlen stehen lassen, aber nicht bis sich das Fett gesetzt hat.

4 Nehmen Sie die Entenkeulen aus dem Schmalz und füllen Sie sie in die Behälter. Darüber kommt das Schmalz, das alles Fleisch bedecken muss. Mit einem Deckel verschließen und an einem kühlen Ort lagern.

5 Zum Servieren wird der Ofen auf 220 °C vorgeheizt (Gas Stufe 7). Nehmen Sie die Ente aus dem Fett, schaben das überschüssige Fett ab und legen Sie die Keulen in eine Bratenform mit der Fettseite nach oben. Die Enten werden 20 Minuten im Ofen gebraten oder bis sie komplett erhitzt und auf der Oberseite knusprig sind.

Verwendung von anderen Fleischsorten

Sie können auf die gleiche Weise Gansekeulen oder eine ganze Ente, Gans oder Entenklein und Gänseklein zubereiten. Auch Hühnerschenkeln oder Perlhühnern kann auf diese Weise zusätzliches Aroma verliehen werden. Für Schweinefleisch-Confit ist eine Mischung aus Schweinebauch in Würfeln und magerer Schweinehachse zu verwenden.

Wiederverwendung des Schmalzes

Nachdem das Fleisch verbraucht ist, sollten Sie das Schmalz nicht wegwerfen. Sie können es in einer Pfanne schmelzen, abseihen und mehrere Monate lang im Kühlschrank aufbewahren. Es schmeckt köstlich auf Bratkartoffeln.

Rillettes

Französisches Rillettes wird auf die gleiche Weise wie Confit zubereitet, mit dem Unterschied, dass das Fleisch in kleinere Stücke geschnitten und geschnitzelt wird, um eine pastetenähnliche Konsistenz zu erhalten. Verwenden Sie dafür ein ziemlich mageres Stück Schweinebauch oder kombinieren Sie Schweinebauch mit magerer Schweineschulter, um ein perfekt zartes, köstliches Ergebnis zu erzielen. Rillettes, das von einer Schmalzschicht bedeckt ist, kann mehrere Monate im Kühlschrank aufbewahrt werden und wird am besten mit warmem Baguette serviert. Ein angebrochenes Glas hält sich noch ein paar Tage im Kühlschrank.

Zutaten

1 kg magerer Schweinebauch ohne Schwarte

125 g Enten- oder Gänseschmalz

2 EL gehackter Thymian

Fein geriebene Schale einer Zitrone

8 zerstoßene Wacholderbeeren

Salz und frisch gemahlener schwarzer Pfeffer

1 Heizen Sie den Ofen auf 140 °C oder Stufe 1 bei einem Gasofen vor. Hacken Sie das Schweinefleisch in kleine Stücke und legen Sie es in eine kleine feuerfeste Schale oder in eine Bratenform. Streuen Sie darauf den Thymian, die Zitronenschale, die Wacholderbeeren und ein wenig Salz und Pfeffer.

2 Decken Sie das Fleisch mit einem Deckel oder mit Folie zu und garen Sie es für 3-4 Stunden im Ofen oder so lange, bis das Fleisch butterweich und leicht gebräunt ist.

3 Das Fleisch abkühlen lassen, danach das Fett abgießen. Das Fleisch mit einer Gabel fein zerpflücken. In eine Schüssel geben und ein wenig Salz und reichlich Pfeffer untermischen.

4 Füllen Sie das Fleisch in Drahtbügelgläser oder Schraubdeckelgläser.

5 Den verbliebenen Bratensaft in eine kleine Pfanne geben und erhitzen, bis der Saft flüssig wird. Danach in eine Kanne abseihen und eine dünne Schicht auf das Fleisch gießen, bis es leicht bedeckt ist. Die Behälter auf der Arbeitsfläche leicht aufstoßen, damit Luftblasen entweichen. Gegebenenfalls noch mehr Fett dazugeben. Mit einem Deckel verschließen und bis zum Verzehr im Kühlschrank aufbewahren.

Räuchern

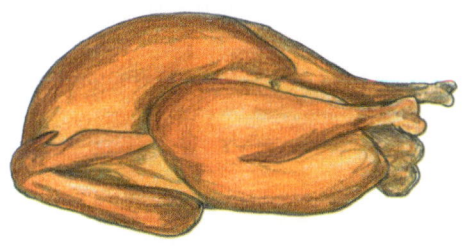

Räuchern bedeutet Nahrung zu zelebrieren, sich in Szene zu setzen, überlegt zu planen und erfordert ein wenig Phantasie. Seit Urzeiten haben wir unsere Lebensmittel geräuchert, um sie zu schützen und sie sorgfältig aufzubewahren. Heutzutage räuchern wir nur noch wegen des guten Geschmack und des Aromas. Räuchern hat das gewisse Etwas. Wir waren alle schon beim Grillen, aber durch jemanden bewirtet zu werden, der gerade einen ganzen geräucherten Truthahn oder eine Schale Muscheln aus dem Räucherofen geholt und auf den Tisch gestellt hat, ist doch recht beeindruckend und durchaus ein Gesprächsthema!

Die drei grundlegenden Vorgänge, die mit dem Räuchern verbunden werden, sind Aromabildung, Kochen und Haltbarmachen. Als ersten Schritt müssen Sie entscheiden, was Sie erreichen wollen, was normalerweise dadurch bestimmt wird, was und wann Sie essen wollen. Wenn Sie beabsichtigen zu räuchern, sollten Sie vorsichtshalber „rückwärts" planen, d. h. genügend Zeit zum Beizen oder Pökeln, Reifen und Trocknen, zum Kochen selbst und natürlich abschließenden Verfeinern berücksichtigen, was bedeutet, dass Sie entscheiden müssen, ob Sie Kalt- oder Heißräuchern wollen.

Kalträuchern

Durch Kalträuchern werden Lebensmittel nicht gegart, sondern sie werden mit den speziellen Aromen, die von Holz, Gewürzen, Kräutern und Pökellaken, die Sie verwenden, beeinflusst. Bedenken Sie, dass der Rauch nur langsam absorbiert wird und je länger Sie räuchern, desto intensiver der Geschmack wird. Sie können dabei zu viel des Guten tun! Nach dem Kalträuchern können Sie die Lebensmittel entweder auf einem Grill oder in einer Feuergrube garen, Sie können aber auch genauso den Ofen im Haus benutzen oder das Kalträucherte in den Kühlschrank legen und für später aufheben. Temperaturen für das Kalträuchern liegen zwischen 10 °C und 28 °C. Bei dieser niedrigen Temperatur nehmen die Lebensmittel das Aroma an, bleiben aber feucht. Kalträuchern kann in einer Stunde erledigt sein oder zwei bis drei Tage in Anspruch nehmen.

Heißräuchern

Heißräuchern bedeutet Rauch, Hitze und Kontrolle. Wenn Sie Ihren Zeitablauf einhalten und das Feuer am Brennen halten, muss weder erneut erhitzt noch gekocht bzw. gegart werden, weil Heißräuchern bei Temperaturen zwischen 74 °C bis 115 °C stattfindet. Bei diesen Temperaturen werden die Lebensmittel vollständig gegart, sind immer noch feucht, und haben die Aromen angenommen, die Sie beabsichtigten. Als Vergleich sei hier das normale Grillen genannt, das bei ca. 180 °C erfolgt, so dass Heißräuchern leichter kontrolliert werden kann.

Die Funktion des Heißräucherns

Rauch ist antimikrobiell und zudem ein Antioxidans, der durch die Oberfläche der Lebensmittel dringt. Räuchern alleine reicht nicht aus, um Lebensmittel lange haltbar zu machen, weshalb Pökeln, Salzen oder Trocknen dem Räuchern vorausgehen. Trocknen, Pökeln und die anderen, in diesem Buch beschriebenen Verfahren verhindern durch das Entziehen von Feuchtigkeit das Bakterienwachstum, das zum Verfall von Fetten und zum Verderben führt. Räuchern bietet den Außenflächen eine extra Schutzschicht und eignet sich vor allem für fettigen Fisch wie Lachs, Makrele und Thunfisch, da die antioxidativen Eigenschaften das Oberflächenfett schützen. Manche stark eingesalzenen, lange geräucherten Fische können ohne Kühlung monatelang aufbewahrt werden.

Brennmaterialien

Sie können jedes nichttoxische Material, das Rauch erzeugt, als Brennstoff verwenden. Sie können Schinken beispielsweise über brennenden Maiskolben räuchern oder mit Heu, Seegras, Sägespänen, Torf, Tee und Reis experimentieren. Auf der ganzen Welt gibt es einige sonderbare Arten Lebensmittel zu räuchern, wie die isländische Methode, bei der getrockneter Schafsdung geräuchert wird, um damit Walfleisch kalt zu räuchern! Konventionellere Methoden kombinieren beim Räuchern normalerweise Holz zur Rauch- und Aromaentwicklung mit Holzkohle als Treibstoff, die für die Energie und die Beibehaltung der Hitze sorgt. Natürlich können Sie vorbereitete Hackschnitzel und Sägespäne bei jedem Anbieter kaufen, aber es lohnt sich selbst Brennmaterial zu sammeln. Auf diese Weise haben Sie eine Auswahl von Hölzern zur Hand und Holzabfälle sind weitaus billiger. Einige Grillfreunde sind von der vorgefertigten gepressten Holzkohle nicht abzubringen. Doch da Räuchern länger dauert als Grillen, wird es schwierig richtig gute Holzkohle zu bekommen, die lange und gleichmäßig brennt und ein Naturprodukt ist, dem Sie Ihre Lebensmittel aussetzen.

Daher ist es hilfreich, bevor wir eine Auswahl treffen, zu wissen welche Aromen Hölzer bewirken und wie sie die Lebensmittel haltbarmachen. Harthölzer umfassen drei Hauptmaterialien: Zellulose und Hemizellulose sind Zucker, die für Farbe und Fruchtigkeit sorgen; Lignin liefert rauchige und Röstaromen und eine deutliche Vanille-Süße. Einige Weichhölzer, wie z. B. Kiefern und Fichten enthalten auch Harze, die einen säuerlichen Ruß ergeben. Deshalb sollten die letztgenannten nur zum Entfachen des Feuers, aber nicht zum Räuchern verwendet werden.

Es ist auch zu berücksichtigen, dass einige Bäume giftig sind, zumindest teilweise. Toxine findet man normalerweise in Beeren, Blättern und Früchten, doch sollten Sie Rhododendron, Rosskastanie, Holunder, Stech-

palme, Lorbeer und Eibe meiden. Es bleiben jedoch noch genug gute Höl-
zer zur Auswahl. In Europa stellen Erle, Buche und Eiche, zusammen mit
Obstbäumen, die traditionellen Hölzer zum Räuchern. In Amerika sind
Hickory- und Pekanbäume wegen ihrer herben Würze sehr beliebt.

Jede Baumart hat ihre eigene Ausgewogenheit von Zuckern und Lignin,
weshalb jede von ihnen die Lebensmittel auf ihre besondere Weise aroma-
tisiert. Sie brennen auch bei unterschiedlichen Temperaturen. Dichtere
Hölzer wie Eiche neigen dazu, glühend heiß zu werden, weshalb Luft und
Feuchtigkeit zugeführt werden müssen, damit die Glut schwelt. Natürlich
liegt die Wahl des Holzes ganz bei Ihnen, aber nachfolgend sind einige
Hinweise aufgeführt, die nützlich sein könnten.

Brennmaterialien		
Holzart	**Eigenschaften**	**Geeignet für**
Hickory	Starkes „Fleischaroma"	Schwein, Huhn, Rind, Wild, Würste
Erle	Delikat, ein Aroma, das bereichert	Helles Fleisch und Fisch, Käse
Eiche	Starkes, angenehmes erdiges Aroma	Alle Fleischsorten, Räucher-lachs, Würste, Käse, Nüsse
Buche	Mild, ähnlich wie Eiche	Alle Fleischsorten, Schellfisch, Käse
Ahorn	Mild, leicht süß	Schinken oder Speck, Gemüse
Kirschbaum	Mild, leicht süß	Geflügel, Wildgeflügel, Schwein
Apfelbaum	Ziemlich stark, leicht süß	Rind, Geflügel, Wildgeflügel, Schwein
Pfirsich- oder Birnbaum	Leicht süß, aromatisch	Geflügel, Wildgeflügel, Schwein, Käse
Weinstock	Starkes Aroma von Gewürzen u. Früchten	Alle Fleischsorten, Käse

Holz sammeln

Wenn Sie sich in Ihrem eigenen Garten umsehen, oder drüben bei Ihrem Nachbarn, werden Sie enttäuscht sein, wenn Sie entdecken, dass außer einem alten Apfelbaum zwischen Rhododendren oder ein paar Buchen, die unter dem Schutz der örtlichen Behörde stehen, nichts Brauchbares zu finden ist. Leider können Ihnen diese Bäume nicht als Ressourcen dienen. Selbst wenn deren Zweige und Äste in Ihren Garten fallen sollten, gehören sie grundsätzlich nicht Ihnen.

Woher also das Holz nehmen?

Sie können natürlich auch welches bestellen. Es gibt viele Anbieter, die eine breite Palette an Holz zum Räuchern führen (siehe Seite 124), das in handliche Stücke geschnitten ist, doch ein kleiner Sack ist teuer und das gilt auch für Sägemehl. Die Alternative ist selbst Holz zu sammeln, wenn sich preisgünstigere Möglichkeiten bieten und es an einem trockenen Ort zu lagern, wie einem Schuppen z. B., einer Garage oder einem Heizkeller. Auf diese Weise können Sie Geld sparen und haben immer einen Vorrat.

Ein Besuch in einem Hausladen oder auf dem Bauernmarkt bietet z. B. beim Obsteinkauf die Gelegenheit nachzufragen, wann die Obstbäume beschnitten werden, was normalerweise im Winter erfolgt. Ein Anruf bei einer Sägemühle kann sich als fruchtbar erweisen, und natürlich ist Sägemehl dort ein Nebenprodukt. Sie können also ruhig nach Sägemehl von Eiche oder Buche fragen. Was Sie aber auf keinen Fall tun sollten, ist des Nachts durch den Park mit einer Kettensäge und einem alten Sack zu schleichen und Holz zu hamstern!

Der beste Platz zum Räuchern

Überlegen Sie sich, wo Sie räuchern wollen. Wenn Sie in einem Mietshaus mit mehreren Nachbarn wohnen, ist es wahrscheinlich, dass diese die Hausverwaltung anrufen, weil es scheint, dass Sie zu viel Toast anbrennen lassen. Es ist besser einen Freund, der einen Garten hat, zu bitten Ihnen den Garten zum Räuchern zu überlassen. Sie könnten natürlich auch in die Wildnis davonstürzen, gerüstet mit einer Brotdose und Streichhölzern.

Wenn Sie einen Garten haben und grillen dürfen, dann dürfen Sie auch räuchern. Räucheröfen werden heiß, also bitte nicht neben dem Schuppen, dem Gartenzaun oder an der Wand zu den Nachbarn räuchern – sie werden sich kaum darüber freuen, wenn ihre Vorhänge verqualmt werden! Bedenken Sie, dass Räuchern ein längerer Prozess ist als Grillen, und selbst wenn jeder (außer Vegetarier) den Geruch von hausgeräuchertem Schinken liebt, dann bestimmt nicht an jedem Wochenende. Berücksichtigen Sie auch die Windrichtung, offene Fenster und Wäsche auf der Leine. Das sind grundlegende Überlegungen, die Sie auch beim Grillen oder jeder anderen Art von Feuer machen anstellen. Räucheröfen sind schwer, sperrig und nicht leicht zu transportieren. Suchen Sie in Ihrem Garten deshalb nach einem Platz, an dem der Räucherofen die meiste Zeit stehenbleiben kann. Der Platz sollte vor starkem Wind, heftigem Regen und extremen Temperaturschwankungen geschützt sein, die sich auf die Temperatur im Räucherofen ungünstig auswirken könnten. Ganz egal, wo Sie Ihren Räucherofen letztendlich aufstellen – denke Sie immer daran, dass Sie mit dem Feuer spielen! Er sollte auf jeden Fall abseits von behandeltem Holz, Gasflaschen oder Schuppen voller alter Farbdosen aufgestellt werden.

Ihr Räucherofen wird bei Schneestürmen, Eisregen und eiskaltem Wetter weiter funktionieren, doch Sie müssen dann besonders wachsam sein und stets Holz nachlegen. Das Gleiche gilt für heißes Wetter, da müssen Sie dann allerdings darauf achten, dass die Lüftung geöffnet ist und die Wasserschale, sofern Sie mit Wasser räuchern, aufgefüllt ist.

Räuchergut und die beste Zeit zum Räuchern

Der Vorteil des Räucherns ist, dass Sie die meisten saisonalen Produkte dafür verwenden können, auf die Sie jedoch nicht beschränkt sind. Die intensiven Aromen des Rauchs machen auch das Beste aus tiefgefrorenen Lebensmitteln, die über ihr Haltbarkeitsdatum im Tiefkühlschrank lagerten und durch das Räuchern einen besseren Geschmack bekommen, den sie wahrscheinlich sonst nicht hätten.

Saisonale Produkte zum Räuchern
Frühling
Taube, Spargel Makrele, Heilbutt, Scholle, Barsch, Sardinen Lamm Krebs, Lachsforelle, Hummer und Garnele
Sommer
Muscheln, Tintenfisch Maiskolben, Zucchini Moorhuhn ab dem 12. August Meeräsche, Schellfisch, Hering, Brasse, Köhler und Meerbarbe
Herbst
Miesmuscheln Kaninchen, Rebhuhn, Moorhuhn, Perlhuhn, Hase und Wildente Wildbret Wilde Nüsse, Zwiebeln, Paprika, Kürbis
Winter
Glattbutt, Flunder, Weißfisch, Austern, Kammmuscheln, Wildlachs Gans, Truthahn, Fasan Meeraal Kaninchen und Hase

Lebensmittel ohne Saison

Speck, Schinken, Rindfleisch, Schweinefleisch, Würste und Innereien, Hühnchen, Zuchtlachs, Kabeljau und Wachtel können zu jeder Jahreszeit geräuchert werden. Weitere geeignete Zutaten sind Muscheln, Knoblauch, Eier und Käse. Fast jedes Lebensmittel kann geräuchert werden und es macht eine Menge Spaß etwas Neues auszuprobieren.

Vorbereitungen

Räuchern, ob heiß oder kalt, erfordert etwas mehr Planung als ein normales Grillen, da einige Lebensmittel zuvor gepökelt und getrocknet oder einfach mit Gewürzen und anderen Aromastoffen eingerieben werden müssen. Das kann eine Stunde oder mehr in Anspruch nehmen, wenn Sie einen Lachs räuchern wollen, aber auch mehrere Tage im Falle von Speck. Sie müssen also genau wissen, was Sie wann räuchern wollen, bevor Sie anfangen.

Lebensmittel fürs Räuchern nasspökeln

Einige Lebensmittel werden vor dem Kalt- oder Heißräuchern nass-gepökelt. Die Lake entzieht den Lebensmitteln überschüssige Feuchtigkeit, verleiht ihnen Aroma und verhindert das Bakterienwachstum. Sie extrahiert auch Proteine aus den Lebensmitteln, die sich auf der Oberfläche absetzen und geräucherten Lebensmitteln den vertrauten Glanz verleihen. Nach dem Pökeln sollten die Lebensmittel vor dem Räuchern ordentlich getrocknet werden, entweder indem Sie an einem Haken im Kühlschrank aufgehängt werden, oder auf einem Gitterrost an einem kühlen Ort trocknen, bis sie nicht länger nass aussehen. Aber lassen Sie die Lebensmittel nicht zu lange trocknen, sonst bildet sich eine Haut, die den Rauch nicht durch die Oberfläche dringen lässt.

Gerätschaften

Einige Gerätschaften, die Sie zum Räuchern benötigen, sind die gleichen wie beim Pökeln, z. B. eine Küchenwaage, Behälter, Fleischhaken, Musselin usw. Hier sind einige zusätzliche nützliche Gerätschaften neben dem Räucherofen selbst.

● Ein **Thermometer** hilft Ihnen die Temperatur in der Räucherkammer zu überwachen, außer Sie haben einen Räucherofen mit einem eingebauten Thermometer gekauft.

● **Lange Streichhölzer** sind im Räucherofen leichter zu handhaben als die normalen.

● Ein **Fleischthermometer** zum Überprüfen der Kerntemperatur des Fleisches nach dem Räuchern.

● **Zangen** mit langem Griff sind nützlich, um die Lebensmittel im Räucherofen anzuordnen.

● Räucheröfen mit Metallrahmen können sehr heiß werden. **Ofenhandschuhe** sind daher empfehlenswert, um Türgriffe zu öffnen und die Roste anzuordnen.

Tipps

• Wenn Sie sich nicht sicher sind, ob die Lebensmittel ausreichend geräuchert sind, schneiden Sie ein Stück ab, um zu kosten. Bedenken Sie, dass Kaltgeräuchertes nicht gegart ist, weshalb Sie das Probestück in einer Pfanne braten sollten, um den Geschmack zu prüfen, bevor Sie das ganze Räuchergut aus dem Räucherofen nehmen.

• Versuchen Sie nicht mit nassen Brennstoffen zu räuchern. Wenn das Sägemehl zu feucht ist, legen Sie es in einen Behälter und lassen Sie es an einem warmen Ort stehen, z. B. einem Trockenschrank, Heizkeller oder im Ofen bei niedriger Temperatur oder nach dem Backen. Stecken Sie es aber nicht in einen heißen Ofen, da Sägemehl leicht Feuer fangen kann.

• Reinigen Sie den Räucherofen nach jedem Räuchervorgang, damit sich keine Asche anhäuft.

• Einige Lebensmittel entwickeln ihr Aroma auch noch nach dem Kalträuchern. Am besten lassen Sie diese Lebensmittel vor dem Verzehr noch einen Tag stehen.

• Wenn Sie gepökelt, gebeizt oder eine Mischung zum Einreiben für Ihr Fleisch oder Ihren Fisch vorbereitet haben, überzeugen Sie sich, ob alles vorbereitet ist, bevor Sie mit der Holzkohle hantieren.

• Vergessen Sie nicht die Lebensmittel vor dem Kochen zu wiegen, weil die Garzeit vom Gewicht abhängt.

• Spülen Sie nassgepökeltes Fleisch oder Fisch immer unter kaltem Wasser ab, tupfen es danach gründlich mit Küchenpapier trocken, bevor Sie zu räuchern beginnen. Nasse Lebensmittel lassen sich nicht leicht räuchern.

• Bevor Sie die geräucherten Lebensmittel in den Kühlschrank stellen, packen Sie sie am besten in Folie oder Butterbrotpapier, damit deren Aroma keine anderen Lebensmittel beeinflusst.

Räucheröfen

In seiner einfachsten Form kann Räuchern über einem offenen Feuer im Freien erfolgen, über dem die Lebensmittel aufgehängt werden, oder aber über einem Kaminfeuer. In beiden Fällen müssen die Lebensmittel weit genug von den Flammen entfernt sein, um nicht zu Asche zu verbrennen! Am besten verwendet man einen Räucherofen, was wesentlich zuverlässiger ist. Einige Räucheröfen sind speziell für Kalt- oder Heißräuchern konzipiert, während andere für beide Räucherarten verwendet werden können, wobei die Hitze und der erzeugte Rauch kontrollierbar sind. Es kann heutzutage über verschiedene Quellen eine immer breiter werdende Palette an Räucheröfen bezogen werden, man kann aber auch übers Internet (siehe S. 124) bestellen. Wer im Räuchern Erfahrung hat, besitzt vielleicht eine beachtliche begehbare Räucherkammer, die irgendwo auf dem Grundstück steht oder eine kleinere Ausführung, die selbst aus Ziegelsteinen, Holz oder Metallrahmen konstruiert wurde. Wer zum ersten Mal räuchert, sollte sich mit einer kleinen, weniger aufwändigen Konstruktion begnügen und erst einmal den Bau einer eigenen Räucherkammer beiseitelassen. Wenn Sie herausgefunden haben, dass Sie für diese Art der Selbstversorgung geeignet sind, werden Sie wahrscheinlich tiefer in die Tasche greifen und sich einen ordentlichen Räucherofen zulegen, vielleicht werden Sie sogar eines Tages in das neueste Topmodell investieren wollen. Aber Sie sollten dabei bedenken, dass der Bau einer festen Konstruktion eine Baugenehmigung erfordert. Räucheröfen mit kleinerem Ausmaß können grob in vier Kategorien unterschieden werden:

Versetzt angeordnete Räucheröfen
Rundräucheröfen
Räucheröfen für Wasserdampf
Tischräucheröfen

Versetzt angeordnete Räucheröfen

Das Hauptmerkmal dieser Räucheröfen ist, dass Räucherkammer und Feuerkammer getrennt sind. Die Hitze und der Rauch des Feuers werden durch eine Verbindungsleitung oder eine Öffnung in die Räucherkammer geleitet. Je länger die Zuleitung, desto kühler ist der Rauch. Die Modelle der meisten Hersteller basieren auf einem einfachen, aber wirksamen Zweikammersystem. Versetzt angeordnete (oder zweigeteilte) Räucheröfen werden immer fürs Kalträuchern verwendet.

Rundräucheröfen

Ein senkrechter Rundräucher-ofen kann fürs Heißräuchern verwendet werden, eignet sich aber auch zum versetzten Räuchern, da die Hitzequelle ein paar Fuß unter den Garrosten liegt. Die Temperatur wird durch die Begrenzung der Luftzufuhr im unteren Teil der Tonne und den entweichenden Rauch kontrol-liert. Allerdings ist es schwieriger Temperatur und Rauch zu kontrol-lieren, weil der Brennstoff im gleichen Behälter ist.

Räucheröfen für Wasserdampf

Ein solcher Räucherofen ist eine Abwandlung des Rundräucherofens, der zuverlässig für Kalt- und Heißräuchern verwendet werden kann. Zur Er-zeugung von Rauch und Hitze nimmt man Holzkohle und Holz. Zwischen Feuer und Rosten wird eine Schale mit Wasser gestellt, was für Feuchtig-keit sorgt, die Lebensmittel saftig und die Temperatur konstant hält. Die Schale mit Wasser fängt zudem Fett oder Öl auf und verhindert dessen Aufflackern.

Tischräucheröfen

Es gibt kleine Metallräucheröfen, die nicht größer als eine Brotzeitdose
sind und fürs Heißräuchern verwendet werden. In ihrer einfachsten Form
ist der Tischräucherofen eine Stahlkiste
mit einem Deckel, einer Basis, auf
der das Holz oder das
Sägemehl verteilt
wird und einer
Ablage für das
Räuchergut. Wenn
Sie hausgemachtes
Räuchern auspro-
bieren wollen, aber
keinen eigenen Räucherofen zu
bauen beabsichtigen, ist das ein guter
Anfang zu einem vernünftigen Preis. Sie
können aber auch selbst einen Räucherofen, wie
auf Seite 88 angegeben, bauen.

Verwendung eines Grills zum Räuchern

Wenn Sie einen Kessel- oder Rundgrill oder irgendeinen anderen Grill mit
einem Deckel haben, können Sie ihn zum Räuchern von Lebensmitteln
benutzen, vorausgesetzt er hat eine Entlüftung zur Regelung der Luftzufuhr.
Verwenden Sie Holzkohle genauso wie beim Grillen, aber legen Sie die
Holzkohle auf eine Seite der Grillunterschale. Fügen Sie Sägemehl und
angefeuchtetes Holz hinzu, um die Intensität der Hitze zu reduzieren. Die
Lebensmittel werden dann auf einem Rost über der Mitte des Grills
gegart, aber nicht direkt über der Holzkohle. Wenn die Kohle zu flackern
beginnt, schließen Sie die Entlüftung, damit sie nur noch glimmt.

Bau eines eigenen Räucherofens

Wenn Sie keine Lust haben, nach Material zu stöbern oder etwas damit anzufangen, sollten Sie fündig geworden sein, ist es am besten sich einen handelsüblichen Räucherofen zuzulegen, der jahrelang benutzt werden kann. Doch es lohnt sich einen Räucherofen selbst zu bauen, und das Geld, das sie dabei sparen, kann besser in Lebensmittel investiert werden. Der Bau eines Rundräucherofens versetzt Sie in die Lage heiß zu räuchern oder den Räucherofen mit Wasserdampf zu betreiben. Er kann nach einigen Änderungen auch zum Kalträuchern benutzt werden.

Materialien

Für einen Heißräucherofen:
- Holzfass, Stahltonne oder Teekiste
- Bohrmaschine und Bohrer
- Säge
- 4 x 10 cm Schrauben, Beilagscheiben und Muttern
- Grillschale fürs Picknick oder Einweggrill-unterlage aus Alufolie
- Ziegel zum Aufstellen des Räucherofens
- Grillroste oder Roste
- kleine leere Konservendose

Zusätzliche Gerätschaften für einen versetzten (Kalt-) Räucherofen:
- Alter Ofen
- Stück eines Leitungsschlauchs aus haushaltsüblichem Aluminium

Zusätzliche Gerätschaften für einen Räucherofen mit Wasserdampf:
- Wasserschüssel
- 3 x 15 cm Schrauben

Räuchertonne

Der Rauch muss in einer Art Kiste eingefangen werden, die aus Metall oder Holz sein kann. Wenn Sie Werkzeug zur Hand haben, mit dem Sie Metall oder schweres Holz bohren oder zuschneiden können, sind eine Stahltonne oder ein Holzfass der perfekte Ausgangspunkt. Auch eine Teekiste ist hervorragend geeignet. Weil die Wände einer Teekiste von der Hitzequelle getrennt sind, werden sie sich zwar verfärben, aber kein Feuer fangen. Daher besteht kein Grund die Wände einer Holzkiste feucht zu halten, weil sonst der Räucherprozess beeinträchtigt würde.

Die einfachste Methode einen Rundräucherofen herzustellen ist die Umwandlung einer Stahltonne mit Hilfe eines Grillkorbs für die Holzkohle nahe des Bodens, einem Rost nahe dem oberen Teil und einem Deckel mit Lüftung. Ein 170 l Ölfass kann bei jedem guten Fachhändler für landwirtschaftliche Geräte erworben werden, oder Sie haben Glück und bekommen eines über Internetangebote für „Gesucht gefunden". Ein Holzfass wird Ihnen ein wenig mehr Arbeit bereiten, aber wenn Sie erst einmal eines haben und es umgebaut ist, werden Sie merken, dass es jahrelang gebraucht werden kann. Das gleiche gilt für Teekisten.

Selbst gebauter Rundräucherofen fürs Heißräuchern

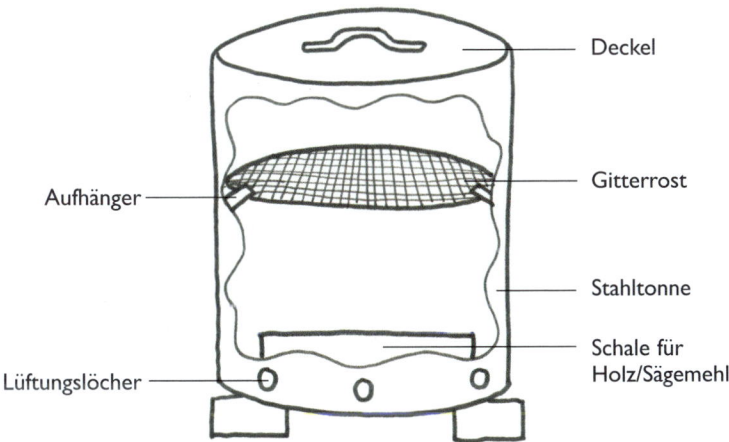

Wenn das Holz, ob trocken oder angefeuchtet, heiß wird, entsteht der Rauch. Eine Brennmaterialschale wird für die Holzkohle und Holz oder Sägemehl benötigt. Eine kleine tragbare Picknickschale aus Metall ist ideal und kann, wenn sie Füße hat, aufgestellt werden oder sie wird einfach auf Ziegelsteine gestellt. Alternativ können Sie auch eine Wegwerfschale zum Grillen aus Aluminium verwenden und diese auf Ziegelsteine legen. Sie brauchen keine feuerfesten Ziegel; ein normaler Ziegel hält Temperaturen von 1200 °C aus, was viel heißer ist, als das, was Sie garen wollen.

Die Tonne, das Fass oder die Kiste müssen von der Basis getrennt sein, damit des Feuer sicher entzündet werden kann und auch von der Oberseite, damit die Lebensmittel auf den oder die Roste gelegt werden können. Sägen Sie den Boden heraus und legen Sie ihn auf Ziegel, um ein solides Fundament für den Räucherofen zu schaffen. Wenn die Tonne, das Fass oder die Kiste keinen Deckel haben, schneiden Sie das obere Teil wie den Boden ab, damit Sie bequem Ihre Lebensmittel anordnen und neu ordnen können. [41]

Feuer braucht Sauerstoff, weshalb Sie im unteren Teil des Behälters Löcher unterhalb der Höhe des Feuers bohren müssen. Genauso müssen Sie eine verstellbare Lüftung an der Oberseite einrichten, damit der Rauch aus der Räucherkammer austreten kann, weil sonst das Feuer erstickt. Schneiden Sie aus dem Deckel ein kleines Loch mit einem Durchmesser von 5 cm aus. Über dieses Loch stellen Sie eine kleine leere Konservendose.

Die einfachste Methode die Grillroste zu befestigen, ist Löcher in das obere Drittel der Tonne zu bohren und von außen 15 cm lange Schrauben einzudrehen, die auf der Innenseite mit Beilagscheiben und Muttern befestigt werden. Auf diese Weise haben Sie eine gute Halterung für Ihren Rost. Sie können auch fertige Grillroste kaufen, aber Sie können auch aus Schrott selbst welche herstellen, indem Sie einen soliden Drahtrahmen nehmen und schweren Maschendraht passend dafür zuschneiden. Sie können unter dem ersten Rost noch einen weiteren mit ebenfalls 15 cm langen Schrauben anbringen, so dass Sie die doppelte Menge räuchern können.

Sie haben jetzt einen Räucherofen eingerichtet, der fürs Heißräuchern gedacht ist. Er kann auf einfache Weise in einen Kalträucherofen oder einen mit Wasser umgerüstet werden.

Umrüsten in einen zweiteiligen (Kalt-) Räucherofen

Ihr selbstgebauter Räucherofen kann einfach in einen Ofen fürs Kalträuchern umgewandelt werden. Sie müssen ein Loch bohren, das groß genug ist, eine Leitung aufzunehmen, die vom Heizkasten in die Räucherkammer führt, die Sie gebaut haben. Es gibt verschiedene Gegenstände, die Sie als Heizkasten verwenden können. Eine Suche auf den Webseiten von Anbietern für land-wirtschaftliche Geräte oder ein Ausflug zu einem Wertstoffhof können eine Metallkiste zutage fördern, die stark genug ist, um als provisorischer Ofen zu dienen. Ein alter Ofen mit Füßen wäre ideal. Bedenken Sie aber, dass jeder Metallbehälter, den Sie verwenden, entweder als Räucherkammer oder als Heizkasten, niemals aus Zink oder einem anderen giftigen Metall hergestellt oder damit behandelt sein darf. Suchen Sie nach Eisen oder Stahl. Sie werden auch haushaltsübliche flexible Rohrleitungen brauchen. Eine Schlauchleitung aus Aluminium aus einem Heimwerkermarkt ist ideal. Schneiden Sie ein Loch, das den gleichen Durchmesser wie der Schlauch hat, in die Trommel (Fass oder Teekiste). Wenn das Loch genau zugeschnitten wurde, dürfte die Schlauchleitung bequem hineinpassen. Sie sollten die Schlauchleitung auf eine Länge von 2 m zuschneiden. Dann ist sie lang genug, damit sich der Rauch abkühlen kann, bevor er die Räucherkammer erreicht.

Selbst gebauter Räucherofen fürs Kalträuchern

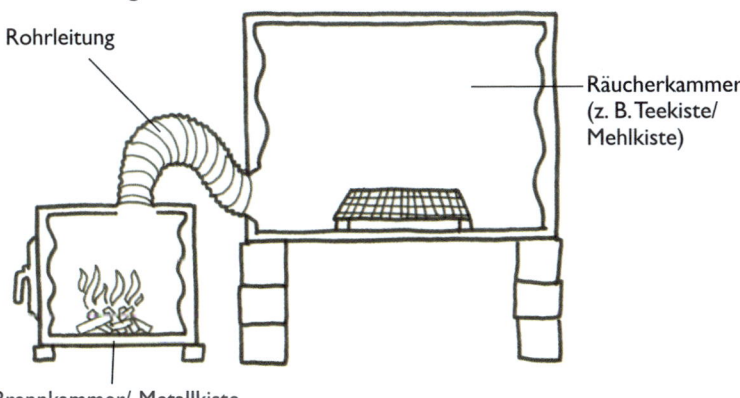

...und in einen Räucherofen mit Wasser

Der Vorteil eines solchen Ofens ist die Möglichkeit eine konstantere Temperatur beizubehalten. Um Ihre Räuchertonne in einen Räucherofen mit Wasser umzubauen, nehmen Sie drei weitere 15 cm lange Schrauben und bohren drei weitere Löcher ca. 45 cm über dem höchsten Punkt der Feuerquelle. Jetzt benötigen Sie noch eine Metallschale, in der Art eines Fressnapfs für Hunde, die Sie mit warmem Wasser füllen können, sobald das Feuer heiß genug zum Garen ist. Indem die Wasserschüssel auf den Schrauben über dem Feuer steht, wird Dampf zusammen mit dem Rauch erzeugt, und sorgt dafür, dass Lebensmittel und Feuer voneinander getrennt sind. Der Rauch wird natürlich um die Seiten der Schale zirkulieren, weshalb die Schale nicht zu dicht an der Wand des Räucherofens anliegen sollte.

Tragbarer Räucherofen

Kleine Räu-cheröfen sind relativ günstig, aber es wird Ihnen sicher Spaß machen sich selbst einen zu bauen, was billiger kommt. Diese Räucher-ofenart wird manchmal von Anglern bevorzugt, weil sie leicht zum Angeln mitgenommen werden kann, um den Fang an Ort und Stelle zu räuchern.

Selbstgebauter Picknick-Räucherofen für Heißräuchern

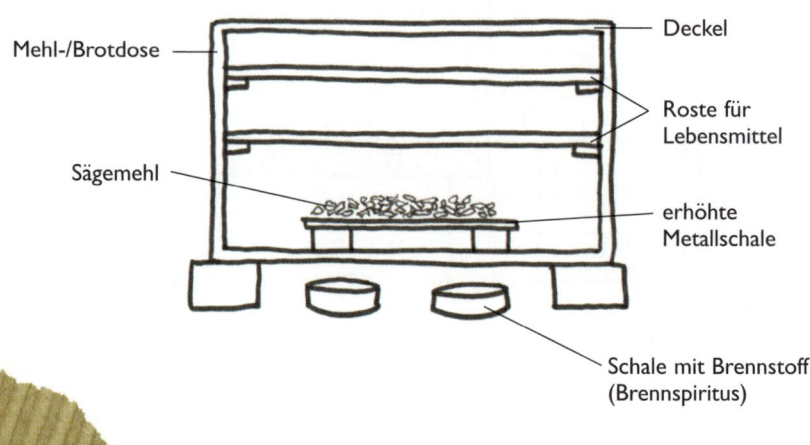

Mehl-/Brotdose

Sägemehl

Deckel

Roste für Lebensmittel

erhöhte Metallschale

Schale mit Brennstoff (Brennspiritus)

Zubehör

- Metallbehälter wie eine Mehl- oder Brotdose (Vorratsdosen)
- 4 Metallwinkel und Schrauben oder Schraubenbolzen und Beilagscheiben
- Küchenrost
- Metallschale
- 4 Steine oder Metallstützen
- Ziegel als Unterlage für den Räucherofen
- Metallbehälter für den Brennspiritus

Die einfachste Art einen tragbaren Räucherofen herzustellen, ist eine Metallvorratsdose für Mehl oder einen Brotkasten zu finden, oder einen ähnlichen Behälter in dieser Form, der einen Deckel hat. Durchstöbern Sie Trödelmärkte, Läden von Wohltätigkeitsorganisationen oder online Webseiten für „Gesucht gefunden". Richten Sie in der Dose etwa im oberen Drittel eine Ablagevorrichtung mit vier Halterungen, zwei auf jeder Seite, ein. Verwenden Sie dafür Metallwinkel oder vier kleine Schrauben, auf denen ein Grillrost ruhen kann. Ein Kuchenrost, ein Grillrost oder ein kleines Backblech sind dafür gut geeignet. Stellen Sie eine Metallschale (z. B. ein altes Backblech) auf den Boden der Dose, die Sie z. B. auf feuerfeste Klötzchen stellen, damit die Schale 2,5 cm über dem Boden steht. Durchstöbern Sie den Schuppen, den Garten- oder Heimwerkermarkt, nach geeigneten Unterlagen (Steine für den Garten, Metallklötze, Leisten sind dafür geeignet, solange sie feuerfest sind). Häufen Sie Sägemehl auf die Metallschale. Dann stellen Sie die Schachtel/Dose auf Ziegel und entzünden darunter ein oder zwei Behälter mit Brennspiritus. Nehmen Sie kein anderes Brennmaterial als Brennspiritus, weil dieser genau die richtige Temperatur erreicht und langsam brennt. Sobald das Holz anfängt zu rauchen, legen Sie die Lebensmittel in die Dose und schließen den Deckel. Die Lebensmittel sind normalerweise gar, wenn der Brennspiritus abgebrannt ist. Sollte das nicht der Fall sein, füllen Sie einfach Spiritus nach.

Kalträuchern

Kalträuchern ist ein sanfter und langsamer Prozess, der leicht eine ganze Nacht bis zu einer Woche dauern kann. Je länger die Lebensmittel im Räucherofen sind, desto stärker wird das rauchige Aroma – eine Sache des persönlichen Geschmacks. Aufgrund der Dauer der Räucherzeit ist es möglich, dass die Holzspäne zwischendrin ausgehen. Sollte das eintreten, beginnen Sie einfach von vorn und legen auf das Sägemehl noch ein paar Späne. Sollte der Räucherofen aufhören zu räuchern, z. B. während der Nacht, muss Sie das nicht beunruhigen, weil Sie am nächsten Morgen wieder von neuem beginnen können. Denken Sie immer daran, dass Kalträuchern die Lebensmittel nicht gart (zumindest in den meisten Fällen), so dass die geräucherten Erzeugnisse noch gegart werden müssen. Aufgrund der niedrigen Räuchertemperaturen sollten Sie es vermeiden während der heißen Sommermonate zu räuchern, weil die niedrigen Temperaturen in dieser Zeit nicht beibehalten werden können.

Sehen Sie auf den Seiten 84-87 zu weiteren Angaben für Kalträucheröfen und der Anleitung zum Bau eines eigenen Ofens nach.

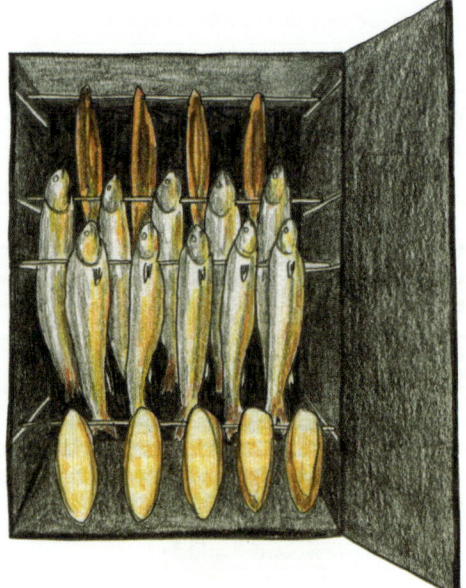

Räucherzeiten und Temperaturen

Die Räucherzeiten sind nicht so entscheidend wie beim Heißräuchern. Die unvermeidlich schwankende Menge an Rauch, die von ihrem selbstgebauten Räucherofen erzeugt wird, beeinflusst ebenfalls die Räucherzeit. Ein Stück Käse kann ein paar Stunden in Anspruch nehmen, wohingegen ein großes Stück Speck mehrere Tage benötigt. Sie müssen regelmäßig den Räucherofen überprüfen, um zu sehen, ob Sie mit dem Fortschritt zufrieden sind. Wenn Sie sich nicht sicher sind, schneiden Sie am besten ein kleines Stück ab, um zu kosten, ob das Räucheraroma Ihrem Geschmack entspricht, aber vergessen Sie nicht, dieses Stückchen zuvor zu garen. Die

Temperatur für Kaltgeräuchertes sollte zwischen
10-28 °C liegen. Es ist entscheidend, dass die Temperatur nicht wesentlich darüber liegt, sonst sind Ihre
Lebensmittel weder richtig kalt- noch heißgeräuchert.
Bakterien können sich dann leicht ausbreiten.

Trocknen vor dem Räuchern
Nass- oder trockengepökeltes Fleisch oder Fisch müssen vor dem
Räuchern getrocknet werden, da nasse Lebensmittel nicht erfolgreich geräuchert werden können. Außerdem können sich durch das
Pökeln Proteine, die durch das Einsalzen entzogen wurden, auf der
Oberfläche ablagern und eine dünne Schicht Glasur bilden, die appetitlich
aussieht und zur Haltbarmachung des Fisches oder Fleisches beiträgt.
Tupfen Sie zuerst Fleisch oder Fisch mit Küchenpapier trocken, dann
werden Fisch oder Fleisch auf einem
Kuchenrost für mehrere Stunden
noch weiter getrocknet. Das kann
bei Zimmertemperatur erfolgen,
wenn das Wetter nicht zu heiß ist
oder aber im Kühlschrank.

Betriebsmittel

- grobe Holzkohle
- 2 Holzscheite in der Größe von
Türstoppern, gespant
- ein paar Handvoll Sägemehl
- Streichhölzer
- Anzünder oder Anzündholz

Inbetriebnahme des Räucherofens

Anders als Grillen oder Heißräuchern,
müssen Sie nicht warten, bis die Flammen abklingen, bevor Sie die Lebensmittel hinzufügen, weil die Hitzequelle sich in einer separaten Kammer befindet und der Rauch abkühlt ist, bevor er in die Räucherkammer eindringt.
Beginnen Sie damit, dass Sie die Holzkohle in den Heizkasten legen und
mit Anzunder oder Streichholzern entzünden. Sobald die Holzkohle anfängt
zu glühen, umgeben Sie die Holzkohle mit dem Sägemehl und fügen lose die
Holzspäne hinzu. Das Sägemehl beginnt langsam zu brennen und setzt die
Späne ebenfalls in Brand. Legen Sie die Lebensmittel auf den Rost, sobald
der Rauch langsam aufzusteigen beginnt. Während des Räuchervorgangs
sollten Sie nachprüfen, ob eine ständige Rauchzufuhr zu Ihrem Räucherofen
gewährleistet ist. Wenn Sie Ihre Hände in den Räucherofen stecken, sollte
sich der Rauch sehr leicht warm anfühlen. Fühlt er sich heiß an, müssen Sie
die Zufuhrleitung verlängern, welche die beiden Kammern verbindet. Wenn
der Rauch nachlässt, überprüfen Sie die Heizkiste und füllen noch mehr
Späne und Sägemehl nach.

Lebensmittel für Kalträuchern

Es liegt ganz bei Ihnen, ob Sie heiß- oder kalträuchern und Sie können mit beiden Arten experimentieren, um zu sehen, was Ihnen besser gefällt. Einige Lebensmittel wie Makrele und Lachs eignen sich bestens für beides. Aber vergessen Sie nicht, dass das nassgepökelte Fleisch oder der Fisch vor dem Räuchern vollkommen getrocknet sein muss. Nachfolgend sind einige Lebensmittel aufgeführt, die sich besonders gut fürs Kalträuchern eignen. Fisch, der im Ganzen verwendet wird, muss vor dem Räuchern gesäubert und ausgenommen werden. Nach dem Räuchern können Sie die Lebensmittel sofort garen, aber auch im Kühlschrank für weitere 24 Stunden aufbewahren, was oftmals den Räuchergeschmack noch verstärkt.

Geräucherte Makrele
Räuchern Sie die Makrele im Ganzen oder filetiert. Beizen Sie den Fisch in Lake (siehe S. 40), trocknen Sie ihn und räuchern ihn 6-8 Stunden lang oder über Nacht.

Geräucherter weißer Fisch z. B. Kabeljau, Schellfisch, Köhler, Weißfisch
Verwenden Sie filetierten Fisch, den Sie zuerst auf noch vorhandene Gräten überprüfen sollten. Beizen Sie den Fisch in Lake (siehe S. 40), trocknen Sie ihn und räuchern ihn über Nacht oder bis zu 2 oder 3 Tagen.

Geräucherte Bücklinge
Nehmen Sie dafür ganz frisch ausgenommene Heringe und schneiden die Köpfe ab. Dann klappen Sie die Fische mit der Haut nach oben auf einem Brett auseinander und drücken mit dem Daumen entlang der Wirbelsäule, bis der Fisch vollkommen platt ist. Beizen Sie den Fisch in Lake (siehe S. 40), trocknen Sie ihn und räuchern ihn 6-12 Stunden.

Geräucherte Forelle
Nehmen Sie dafür Forellenfilets, die Sie beizen (siehe S. 40), trocknen und über Nacht oder 2-3 Tage räuchern.

Geräucherter Speck
Verwenden Sie dafür Ihren hausgepökelten Speck (entweder trocken- oder nassgepökelt). Trocknen Sie ihn und räuchern ihn je nach Geschmack. Das Räuchern kann 12 Stunden oder mehrere Tage dauern.

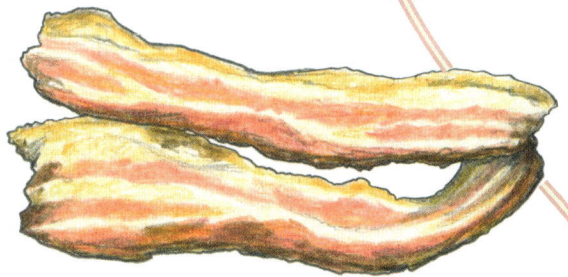

Geräucherter Schinken
Verleiht Ihrem hausgepökelten Schinken mehr Aroma. Trocknen und räuchern Sie den Schinken 3-6 Tage vor dem Kochen.

Geräucherter Kabeljaurogen
Beizen Sie zwei Kabeljaurogen in Lake (siehe S. 40) für 40 Minuten. Lassen Sie den Rogen gut abtropfen und tupfen Sie ihn mit Küchenpapier trocken. Trocknen Sie ihn lose verpackt in Musselin, bevor Sie ihn 12-24 Stunden räuchern.

Geräucherte Eier
Pellen Sie die hartgekochten, abgekühlten Eier, die Sie räuchern wollen. Würzen Sie die Eier mit Pfeffer und Salz und räuchern sie für 6-8 Stunden.

Geräucherter Käse
Fast alle Käsesorten können geräuchert werden, aber einige Sorten nehmen den Räuchergeschmack besser an als andere. Schneiden Sie den Käse in kleine Spalten oder Scheiben von bis zu 5 cm Dicke, bevor Sie ihn räuchern. Festere Käsesorten wie Cheddar und Gruyère können Sie auf einen Rost legen, während weichere Sorten wie Feta und Mozzarella am besten in Musselin gewickelt geräuchert werden. Blauschimmelkäse sind weniger geeignet.

Geräucherte Nüsse
Die meisten Nüsse lassen sich gut räuchern, vor allem Mandeln. Nehmen Sie nicht blanchierte Nüsse, verteilen Sie sie auf einem feinen Rost, der mit Musselin ausgekleidet ist, damit sie nicht durch den Rost fallen, und bestreuen Sie die Nüsse mit Salz. 3-4 Stunden räuchern.

Geräucherter Lachs

Lachs kann wie Forelle geräuchert werden (siehe S. 92). Die Beize in diesem Rezept verleiht dem Lachs ein extra Aroma und zeigt, wie Sie Ihre eigenen Beizen und Laken entwickeln können und wie Sie durch das Ausprobieren verschiedener Zutaten einen ganz persönlichen und einzigartigen Räucherfisch zubereiten können.

Zutaten

275 g feines Salz

150 g brauner Streuzucker

3 rote Chilischoten in dünnen Scheiben

75 g frischer Ingwer in Scheiben

2 x 500 g Lachsfilet (Wildlachs oder Zuchtlachs)

1 Vermischen Sie Salz, Zucker, Chilis und Ingwer in einem nicht metallischen Gefäß, das groß genug ist den Fisch in voller Länge aufzunehmen. Ein rechteckiger Plastikbehälter ist ideal dafür, Sie können aber auch einen aus Glas oder glasierter Irdenware verwenden. Fügen Sie 1,2 l sehr kaltes Wasser hinzu und rühren Sie gut um, bis sich das Salz vollständig aufgelöst hat.

2 Machen Sie den Eiertest (siehe S. 33), um zu sehen, ob die Lake salzig genug ist. Lassen Sie die Lake ca. eine Stunde ruhen, damit sich die Aromen entfalten.

3 Legen Sie den Lachs in die Lake und lassen Sie ihn 45 Minuten ziehen. Danach abgießen und mit Küchenpapier trockentupfen. Legen Sie ihn auf einen Gitterrost, auf dem er 4-6 Stunden trocknet.

4 Räuchern Sie ihn kalt für 24-48 Stunden, bis er den von Ihnen gewünschten Räuchergeschmack erreicht hat.

Heißräuchern

Heißräuchern wird mehr von spontanen Köchen bevorzugt und solchen, die sofort zulangen wollen, kaum dass heiße Speisen mit Räuchergeschmack fertig sind! Heißräuchern bietet häufig mehr Vielseitigkeit als Grillen, da das sanftere Garen gewährleistet, dass größere Fleischstücke auch wirklich gar sind. Der Ofen sollte mindestens 30 Minuten vor dem Bestücken mit dem Räuchergut vorbereitet werden. Sollten Sie zu bestimmten Zeitpunkten den Räucherofen öffnen müssen, um Wasser oder Holz nachzufüllen, verlängern Sie die Garzeit um weitere 15 Minuten, da die Temperatur wieder die gewünschte Stufe erreichen muss.

Räucherzeiten und Temperaturen

Heißräuchern ist zwar eine intuitive Form des Garens, aber Sie können immer noch die Temperatur kontrollieren, indem Sie die Luftzufuhr mit Hilfe des Luftabzugs oben im Räucherofen regulieren. Luft, die von unten angesaugt wird, muss ausgeleitet werden. Indem die Lüftungslöcher geöffnet werden (oder die Dose von Ihrem selbstgebauten Räucherofen entfernt wird), beschleunigen Sie den Durchzug, wodurch die Innentemperatur erhöht wird. Durch Schließen der Lüftungsöffnung wird die Temperatur gesenkt. Die verschiedenen, zum Räuchern verwendeten Hölzer brennen bei unterschiedlichen Temperaturen. Die Hitze des Feuers sollte schwelend und konstant sein, und das Feuer nicht flackern oder ersticken. Wenn die Lüftung geschlossen ist und das Feuer auszugehen scheint, ist sie wieder zu öffnen. Wenn Sie ein prasselndes Feuer haben, das die Lebensmittel gart, bis sie knusprig sind, ist die Luftzufuhr zu drosseln. Auf diese Weise können Sie die Temperatur innerhalb eines Bereichs von 74–115 °C regulieren, der perfekt für alle heißgeräucherten Lebensmittel ist.

Als allgemeine Richtlinie gilt, dass pro 500 g Lebensmittel eine Stunde Räuchern angesetzt wird. Ein 5 kg schwerer Truthahn benötigt demnach 10 Stunden Räuchern, 2 kg Rind- oder Schweinefleisch am Stück oder ein ganzes Huhn benötigen 4 Stunden. Als Mindestzeit sollte man 45 Minuten für kleine Fische oder Filets, die weniger als ein Pfund wiegen, zum Garen berechnen.

Räucherversuche

Wie Grillen macht Räuchern Spaß und ist eine neuartige Weise zu garen, doch anders als beim Grillen müssen Sie mehr Zeit und Energie aufwenden, um das Feuer am Brennen und die richtige Temperatur zu halten. Über einen Räucherofen werden Sie nie die gleiche Kontrolle wie bei einem herkömmlichen Grill ausüben können. Mit anderen Worten: Fehlschläge müssen einkalkuliert werden. Viele Bücher zum Thema Räuchern geben exakte Temperaturen für das Garen bzw. Räuchern von Lebensmitteln an, doch das Gefühl für die richtige Temperatur stellt sich erst mit der Zeit und der Erfahrung ein. Der Neuling auf dem Gebiet des

Räucherns mag jedoch nicht die Zeit haben, die man braucht, um Perfektion zu erreichen. Aus diesem Grund werden in diesem Buch keine Temperaturen fürs Heißräuchern angegeben, sondern lediglich Hinweise, wie lange der Prozess dauern kann. Es ist jedoch von Bedeutung, dass insbesondere Fisch und Fleisch durchgegart sein müssen. Daher lohnt es sich, ein Fleischthermometer anzuschaffen, damit die Kerntemperatur großer Fleischstücke oder ganzer Keulen überprüft werden kann, und Sie auf diese Weise feststellen können, ob das Fleisch bis zum Kern gegart ist.

Wenn Sie Ihre Schweinekeule oder ein ganzes Huhn heißgeräuchert haben und die Temperatur bis zu einem Punkt gesunken ist, an dem das Fleisch nicht länger gegart wird, die Zeit aber nicht ausreicht, um das Feuer erneut zu schüren, packen Sie das Fleisch am besten auf einen Grill oder in einen herkömmlichen Bratofen und garen es zu Ende. Die Lebensmittel werden dennoch den angenehmen Räuchergeschmack aufweisen und Sie müssen nicht enttäuscht sein.

Verwendung eines Fleischthermometers

Ein Fleischthermometer ist sehr hilfreich, weil Sie damit feststellen können, ob das Fleisch vollkommen gar ist. Stecken Sie das Thermometer durch die dickste Stelle des Fleisches (aber weg vom Knochen), und lassen Sie es dort für 30 Sekunden.

Die wichtigsten Kerntemperaturen für Fleisch

- Rind oder Lamm, blutig — 50 °C
- Rind oder Lamm, medium — 60 °C
- Rind oder Lamm, gut durch — 75 °C
- Schwein — 75 °C
- Huhn — 75 °C
- Truthahn — 75 °C

Inbetriebnahme des Räucherofens

Legen Sie zwei Ihrer Holzscheite für 30 Minuten in kaltes Wasser. Legen Sie Holzkohle in den Feuerkorb (oder eine alte Grillschale aus Metall oder eine Einweg-Aluschale zum Grillen, wenn Sie Ihren Räucherofen selbst gebaut haben), entzünden Sie die Kohle mit einem Feueranzünder oder einem Anzündholz und schichten Sie die Holzkohle langsam auf, bis der Korb voll ist.

Warten Sie, bis die Holzkohle glimmt, statt zu brennen, und prüfen Sie, ob von dem Feueranzünder oder dem Anzündholz kein Petroleumgeruch mehr ausgeht. Legen Sie die verbliebenen beiden Holzscheite in den Korb. Dann breiten Sie auf dem Rost oder den Rosten Ihre Lebensmittel aus und legen die letzten zwei eingeweichten Holzscheite in den Feuerkorb.

Grundausrüstung

- 4 Holzscheite in Türstoppergröße
- Holzkohle in Stücken
- Streichhölzer
- Feueranzünder oder Anzündholz
- Kessel mit kochendem Wasser, falls mit Wasser geräuchert wird

Hinweis: Wenn Sie einen Räucherofen mit Wasser benutzen, stellen Sie die Wasserschale hinein, sobald sich das Feuer gelegt hat und gießen unmittelbar vor dem Räuchern kochendes Wasser in die Schale.

Lebensmittel für Heißräuchern verpacken

Wenn Sie einen Truthahn oder ein anderes helles Fleisch garen, das mehr als drei Stunden dem Rauch ausgesetzt sein wird, wickeln Sie es in Musselin oder stecken es in einen Mullschlauch, bevor Sie es räuchern. Der Musselin lässt den Rauch zum Fleisch durchdringen, ohne dass sich Kohlenstoff darauf ablagert oder sich das Fleisch verfärbt. Während des Garprozesses können Sie die Umhüllung nach dreiviertel der Zeit entfernen, und wenn Sie mit der Farbe zufrieden sind (die appetitlich bronzefarben sein sollte), die Musselinhülle ganz entfernen. Soll der Truthahn noch brauner werden, lassen Sie ihn während der gesamten Garzeit in der Hülle.

Lebensmittel für Heißräuchern

Heißräuchern ähnelt mehr dem Grillen als Kalträuchern und Sie können Ihre Lebensmittel vor dem Räuchern aromatisieren, würzen und pökeln oder marinieren. Auf diese Weise können Sie Ihre Lieblingsrezepte anwenden und versuchen, ihnen Räuchergeschmack zu verleihen. Fast jedes Lebensmittel kann heißgeräuchert werden, einschließlich Gemüse und Obst. Lammfleisch reagiert auf Räuchern nicht so gut wie andere Fleischsorten. Wenn Sie frisch Geräuchertes servieren, sollten Beilagen und Saucen bereits fertig sein, weil die Räucherzeit recht kurz ist. Prüfen Sie nach, ob Fisch oder Fleisch auch wirklich gar sind. Fisch sollte leicht zu zerteilen sein, wenn Sie mit einem Messer hineinstechen und aus Hühnerschenkeln muss klarer Saft austreten, wenn Sie hineinstechen. Fleischsorten, die unbedenklich verzehrt werden können, wenn sie noch blutig sind, nachdem sie auf konventionelle Art zubereitet wurden, wie Rind und Wildbret, können auch blutig verzehrt werden, nachdem sie heißgeräuchert wurden.

Geräucherte Makrele oder Forelle

Nehmen Sie den Fisch aus und waschen ihn unter fließendem kaltem Wasser, damit alles Blut in der Bauchhöhle des Fischs gründlich entfernt ist. Lassen Sie aber den Kopf intakt. Dann tupfen Sie den Fisch mit Küchenpapier trocken und pökeln ihn (siehe S. 40) eine Stunde lang. Trocknen Sie ihn und räuchern ihn dann zwei Stunden lang. Makrele schmeckt köstlich, wenn sie vor dem Räuchern mit einer dünnen Schicht grobkörnigem Senf bestrichen und mit reichlich schwarzem Pfeffer gewürzt wurde.

Geräucherter Lachs
Nehmen Sie ganze Filets oder schneiden Sie die Lachsfilets in Stücke, die Sie nasspökeln (siehe S. 41), trocknen und zwei Stunden lang räuchern.

Geräucherte Sardinen und Sprotten
Verwenden Sie nur ganz frischen Fisch und nehmen die Sardinen aus (Sprotten müssen nicht ausgenommen werden). Tupfen Sie den Fisch mit Küchenpapier trocken, bepinseln ihn leicht mit Olivenöl und streuen etwas Chili- oder scharfes Paprikapulver darüber. Besonders lecker schmeckt der Fisch, wenn er mit einer würzigen Tomatensauce serviert wird.

Geräuchertes Hähnchen, Fasan und Perlhuhn
Waschen Sie den Vogel gründlich und tupfen ihn dann mit Küchenpapier trocken. Würzen Sie innen und außen und füllen Sie den Vogel mit frischen Kräutern wie Rosmarin, Thymian, Petersilie, Fenchel, Koriander, Liebstöckel, Oregano oder Salbei, oder bepinseln Sie die Haut leicht mit Olivenöl und reiben dann eine Gewürzmischung ein. Dressieren Sie den Vogel, damit er nicht auseinanderfällt und saftig bleibt, wiegen ihn und räuchern ihn anschließend. Die Räucherzeit hängt vom Gewicht ab (pro 500 g eine Stunde Räucherzeit).

Geräucherte Taube, Wachtel, Rebhuhn und andere kleine Vögel

Waschen Sie den Vogel, trocknen ihn und würzen ihn innen und außen mit Salz und Pfeffer. Füllen Sie die ausgenommene Bauchhöhle mit Knoblauchzehen und reichlich frischen Kräutern. Wickeln Sie dünn aufgeschnittenen Speck um die Brust und binden den Speck mit einem Faden fest. Räuchern Sie den Vogel 50 bis 60 Minuten, je nach Größe, oder bis sich die Schenkel zart anfühlen, wenn sie mit einem Messer kurz hineinstechen.

Geräucherte Ente

Stechen Sie auf der Unterseite der Ente überall mit einem Spieß ein. Reiben Sie reichlich Fünf-Gewürze-Pulver, Salz und Pfeffer in die Haut. Dressieren Sie die Ente, damit sie nicht auseinanderfällt und saftig bleibt. Nach dem Wiegen räuchern. Die Räucherzeit hängt vom Gewicht ab (pro 500 g eine Stunde Räucherzeit).

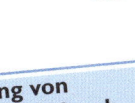

Geräucherter Knoblauch

Nehmen Sie dafür ganze Knoblauchknollen, die sie 1-1½ Stunden lang räuchern oder bis sie goldfarben sind.

Verwendung von geräuchertem Knoblauch

Geräucherter Knoblauch kann für jedes Rezept verwendet werden, für das normaler Knoblauch genommen wird, vorausgesetzt, Sie wollen einen leicht rauchigen Geschmack. Er eignet sich besonders gut für Mayonnaise und Saucen. Bewahren Sie ihn in einer Plastiktüte auf, damit das Aroma keine anderen Lebensmittel im Kühlschrank beeinträchtigt.

Rezepte

Nachdem Sie Ihr eigenes Fleisch gepökelt und den Fisch gebeizt haben, kann es sein, dass Sie auf der Suche nach inspirierenden Rezeptideen sind, die das Beste aus Ihren Bemühungen machen. Das ist die reinste Form des Kochens von der Pike auf – Sie kochen nicht nur köstliche Gerichte, sondern haben sogar die Hauptzutaten hergestellt, die allen gekauften weit überlegen sind.

Trockengewürz- und Buttermischungen

Wenn Sie ein Hühnchen oder einen Truthahn oder einfach nur Rinder-, Schweine- oder Fischsteaks räuchern, wirkt das Einreiben mit einer Trockengewürzmischung 30 Minuten vor dem Räuchern wie Trockenpökeln, was dem Fleisch oder Fisch Aroma verleiht. Es gibt viele fertige Trockengewürz- mischungen in Supermärkten, aber Sie können natürlich selbst eine solche Mischung aus Ihrem eigenen Gewürzvorrat her- stellen. Eine aromatisierte Butter kann einem fertig ge- räucherten Lebensmittel zusätz- lichen Geschmack verleihen, wenn sie auf das noch heiße Lebensmittel gegeben wird und langsam zu einer buttrigen Sauce zerrinnt.

Trockengewürzmischung für Fleisch: Mahlen Sie zwei Teelöffel schwarzen Pfeffer mit einem zerstoßenen Lorbeerblatt in einer Gewürz- mühle (eine Kaffeemühle ist ideal). Pfeffer und Lorbeerblatt in eine Schale geben und eine zerstoßene Knoblauchzehe, 1 Tee- löffel getrockneten Oregano, 1 Teelöffel Paprikapulver und etwas Salz hinzugeben.

Trockengewürzmischung für Fisch: Zerstoßen Sie zwei Teelöffel Fenchelsamen in einem Mörser. In eine Schale geben und fein geriebene Schale von zwei Zitronen, ½ Teelöffel Selleriesalz und reichlich frisch gemahlenen schwarzen Pfeffer dazugeben.

Gewürzbutter mit Chili: Zerstoßen Sie zwei Teelöffel Kreuzkümmel und einen Teelöffel Korianderkörner in einem Mörser. Rösten Sie beides in einer trockenen Pfanne 30 Sekunden leicht an. In eine Schale geben und eine mittelscharfe entkernte, klein geschnittene Chilischote, zwei fein gehackte Frühlingszwiebeln, eine zerdrückte Knoblauchzehe, zwei Teelöffel fein gehackte Petersilie, Fenchel oder Koriander und 125 g weiche, leicht gesalzene Butter dazugeben. Gut vermischen und in eine kleine Schale umfüllen. Mit geräuchertem Geflügel, Weißfisch, Schwein oder Steak servieren.

Frische Kräuterbutter: Hacken Sie eine Handvoll Petersilie, Estragon, Schnittlauch und Blätter von einigen Thymianzweigen. In eine Schale mit zwei zerstoßenen Knoblauchzehen, reichlich gemahlenem schwarzem Pfeffer und 125 g weicher, leicht gesalzener Butter geben. Gut vermischen und in eine kleine Schale umfüllen. Mit Fisch, Geflügel oder Wildbret servieren.

Heißgeräucherter würziger Truthahn

Das könnte Ihre Räucherspezialität werden – ein ganzer entbeinter Truthahn, gestopft mit Tomaten und koriandergewürztem Wurstbrät, der zu einem Paket zusammengeschnürt wird. Bestellen Sie beim Metzger einen Truthahn und bitten Sie ihn, diesen zu entbeinen, aber ganz zu lassen. Es ist ein Vergnügen einen solchen Truthahn zu servieren, weil es keine Knochen gibt, um die man herumschneiden muss, und man das Fleisch bequem in große Stücke schneiden kann, die weißes und braunes Fleisch umfassen und noch dazu die delikate Füllung.

8 Portionen

5-6 kg schwerer Truthahn, entbeint

Salz und frisch gemahlener schwarzer Pfeffer

FÜR DIE FÜLLUNG

2 EL Olivenöl

1 große Zwiebel, fein gehackt

3 Knoblauchzehen, fein gehackt

1 TL getrocknete zerstoßene Chilischoten

500 g gutes Brät

75 g sonnengetrocknete Tomaten in Öl, abgetropft und gehackt

25 g Koriander gehackt

100 g Pinienkerne, leicht geröstet

1 Für die Füllung wird Olivenöl in einer Pfanne erhitzt, die Zwiebeln werden fünf Minuten gebraten, bis sie glasig sind, dann werden Knoblauch und Chilischoten in den letzten Minuten zugegeben. Abkühlen lassen.

2 Geben Sie das Wurstbrät in eine Schüssel und fügen die Zwiebelmischung, die Tomaten, Koriander, Pinienkerne und etwas Würze dazu. Vermischen Sie alles gründlich, am besten mit der Hand.

3 Legen Sie den Truthahn mit der Haut nach unten auf die Arbeitsfläche und schneiden Sie alles Fett weg und die groben Sehnen aus den Keulen heraus. Würzen Sie den Truthahn komplett mit Salz und Pfeffer.

4 Schütten Sie die Füllung auf das Fleisch und drücken Sie sie leicht fest; dann werden die Seiten des Truthahns darüber zusammengeschlagen, damit die Füllung fest umschlossen ist. Vielleicht sind Sie der Meinung, dass der Truthahn seine

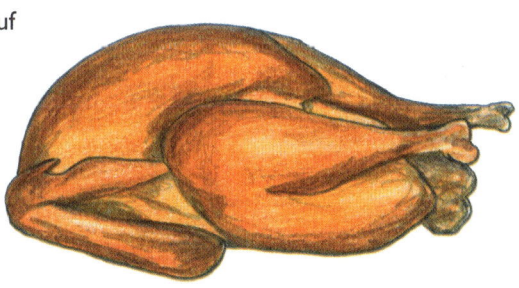

Form besser beibehält, wenn Sie die Enden des Truthahns über der Füllung und dann erst die Seiten zusammenklappen, um eine Paketform zu erhalten. Dann umwickeln Sie den Truthahn mit einer Schnur im Abstand von 4 cm. Haben Sie den Eindruck, dass sich die Enden leicht öffnen können, wickeln Sie die Schnur noch einmal der Länge nach um den Truthahn. Drehen Sie den Truthahn um, damit alle Verbindungsstellen unten liegen. Sie brauchen nicht beunruhigt zu sein, wenn der Truthahn eine unregelmäßige Form hat, er wird köstlich aussehen, wenn er fertig gegart ist. Wiegen Sie den Truthahn, um die Garzeit zu ermitteln und rechnen Sie mit einer Stunde pro 500 g.

5 Besprengen Sie ein großes Stück Musselin mit Wasser und wickeln den Truthahn darin ein. Alternativ können Sie ihn auch in einen Mullschlauch packen und an den Enden mit einer Schnur zubinden. Besprengen Sie den Musselin mit Wasser.

6 Räuchern Sie den Truthahn nach der berechneten Zeit. Packen Sie ihn eine Stunde, bevor die kalkulierte Zeit verstrichen ist, aus, um die Farbe zu überprüfen. Sie sollte tief goldbraun sein. Geben Sie ihn ohne Mullumhüllung (oder wickeln Sie ihn wieder ein, wenn er noch mehr Farbe annehmen soll) zurück in den Räucherofen und garen ihn in der restlichen Zeit. Testen Sie das Fleisch mit einem Spieß – der Saft sollte klar austreten. Bevor Sie die Schnur abnehmen und den Truthahn aufschneiden, sollte er noch ca. 30 Minuten an einem warmen Platz ruhen.

Heißgeräucherte Miesmuscheln mit Romesco-Sauce

Miesmuscheln nehmen sehr leicht den Räuchergeschmack an. Frische Muscheln, so lange sie nicht zu klein und zu schwer zu öffnen sind, eignen sich ebenfalls dafür.

6 Portionen

1 kg frische Miesmuscheln

2 EL Olivenöl

2 feingehackte Schalotten

1 EL gehackter Thymian

1 Spritzer Zitrone oder Limettensaft

FÜR DIE SAUCE

100 g blanchierte Mandeln, grob gehackt

6 EL Olivenöl

50 g Weißbrot, zerkleinert

2 rote Paprika, entkernt und grob gehackt

1 mittelscharfe Chilischote, entkernt und gehackt

2 zerstoßene Knoblauchzehen

1-2 EL Sherry- oder Weißweinessig

Salz

Gehackter Koriander zum Garnieren

1 Bereiten Sie zuerst die Sauce zu. Rösten Sie leicht die Mandeln in einer trockenen Pfanne, die Sie danach in einen Mixer geben und fein mahlen.

2 Erhitzen Sie die Hälfte des Öls in einer Pfanne und braten das Weißbrot leicht an. In den Mixer geben. Die rote Paprika in die Pfanne geben und sanft braten, dabei häufig umrühren, bis die Paprika sehr weich ist. Chili und Knoblauch dazugeben und eine weitere Minute garen.

3 Die Paprikamischung in den Mixer geben und 1 EL Essig und das restliche Öl dazugeben. Mixen, bis eine dicke Paste entstanden ist, dabei die Mischung immer wieder von der Mixerwand schaben. Probieren und ggf. noch ein wenig Essig zur Geschmacksverstärkung hinzugeben, mit Salz abschmecken. In eine Schale füllen und bis zum Servieren kalt stellen.

4 Die Muscheln in kaltem Wasser säubern, beschädigte oder offene Muscheln, die sich nicht schließen, wenn Sie sie fest gegen das Spülbecken klopfen, wegwerfen.

5 Erhitzen Sie Öl in einer großen Pfanne und braten Sie die Schalotten ca. 5 Minuten bis sie weich sind. Geben einen Spritzer Zitrone oder Limetten-saft hinzu. Schütten Sie die Muscheln in die Pfanne und decken Sie die Pfanne zu. Kochen Sie weitere 5 Minuten, wobei Sie die Pfanne häufig schütteln, bis sich die Muscheln geöffnet haben. Rühren Sie mit einem Holzkochlöffel um, damit sich Muscheln und Schalotten miteinander vermischen. Dann mit einer Schöpfkelle die Muscheln aus der Pfanne nehmen und auf einem Rost ausbreiten, der in den Räucherofen passt. Muscheln, die sich nicht geöffnet haben, wegwerfen.

6 Räuchern Sie die auf dem Rost ausgebreiteten Muscheln ca. 30 Minuten lang oder so lange, bis die Muscheln den Räuchergeschmack angenommen haben. (Probieren Sie zuerst eine, bevor Sie alle aus dem Räucherofen nehmen.) In eine Servierschüssel schütten, mit Koriander bestreuen und mit der Sauce servieren.

Heißgeräuchertes Wildbret mit Brombeersauce

*Wildbret ist ein Favorit unter den geräucherten Fleischsorten. Der volle Wildge-
schmack passt gut zu süßen, fruchtigen Saucen.*

4 Portionen

4 Wildbret-Steaks (Rehfleisch)

Salz und reichlich frisch gemahlener
schwarzer Pfeffer

250 g wilde Brombeeren oder
Brombeeren aus dem Garten

5 EL Schlehenschnaps oder Cassis

50 g leicht gesalzene Butter

2 fein gehackte Schalotten

1 Msp gemahlene Nelken

1 Würzen Sie die Wildbret-
(Hirsch oder Reh) Steaks auf
beiden Seiten mit Salz und
Pfeffer. Legen Sie sie auf einen
Gitterrost und räuchern sie, bis
sie nach Ihrem Geschmack gar
sind. Wenn das Fleisch in der
Mitte noch rosa sein soll, testen Sie
es nach ca. 25 Minuten. Wildfleisch,
das gut durch sein soll, braucht ca.
35-40 Minuten im Räucherofen.

2 Während das Fleisch geräuchert
wird, bereiten Sie die Sauce zu.
Behalten Sie eine Handvoll Beeren
zurück, und pürieren Sie die übrigen in
einem Mixer mit dem Schlehenschnaps oder Cassis zu Mus. Dann durch
ein Sieb in eine Schüssel passieren.

3 Schmelzen Sie die Hälfte der Butter in einer Pfanne und braten darin die
Schalotten 3-4 Minuten, bis sie weich sind. Die Nelken und das Fruchtmus
unterheben und weitere 5 Minuten köcheln, bis alles ganz heiß ist. Vom
Herd nehmen und die restliche Butter darunter schlagen. Die übrigen
Brombeeren unterrühren und die Sauce mit dem Wildbret servieren.

Heißgeräuchertes gewürztes Hähnchen auf marokkanische Art

Etwas gewürzte Butter, unter die Hähnchenhaut geschoben, sorgt dafür, dass es beim Räuchern nicht trocken wird und saftig bleibt. Mit gedämpftem Couscous oder neuen Butterkartoffeln und Kräutersalat servieren.

4 Portionen

2 eingelegte Zitronen

25 g Butter

1 Zwiebel, fein gehackt

2 zerstoßene Knoblauchzehen

2 TL Ras el Hanout-Gewürz

1 Handvoll frischer Koriander, gehackt

Salz und frisch gemahlener schwarzer Pfeffer

1,5 kg schweres Huhn

1 Halbieren Sie die eingelegten Zitronen. Mit einem Löffel das Fleisch entnehmen, wegwerfen und die Schale fein hacken. Die Butter in einer Pfanne schmelzen und die Zwiebel ca. 5 Minuten braten, bis sie weich, aber nicht braun ist. Knoblauch und Gewürze dazugeben und eine weitere Minute braten. In eine Schüssel geben und Koriander, Zitrone und etwas Würze unterrühren.

2 Das Huhn gut waschen und mit Küchenpapier trockentupfen. Die Haut über der Brust anheben und die Finger vorsichtig zwischen Haut und Fleisch schieben, um Platz für die Füllung zu schaffen, dabei aber die Haut nicht einreißen. Schieben Sie die Finger so weit wie Sie können, wenn möglich auch an den Schenkeln.

3 Die Füllung unter die Haut löffeln und gleichmäßig verteilen, so dass auch etwas über das Schenkelfleisch reicht. Die Hühnerbeine mit einer Schnur zusammenbinden.

4 Das Hähnchen auf einen Räucherrost oder einen Gitterrost legen, der in den Räucherofen passt und 3 Stunden lang heißräuchern, bis klarer Fleischsaft austritt, wenn Sie die dickste Stelle anstechen. Vor dem Tranchieren an einem warmen Platz 20 Minuten ruhen lassen.

Heißgeräucherte Schweine- und Schnittlauchwürste

Bei allen Rezepten für Schweinefleisch gilt, und das trifft genauso auf Würste zu, dass der Räuchergeschmack schnell angenommen wird. Wenn Sie diese Würste für jemanden zubereiten, der keinen Weizen verträgt, nehmen Sie stattdessen 50 g Reisflocken, die zehn Minuten in kochendem Wasser eingeweicht, abgetropft und anstelle des Paniermehls verwendet werden.

1 Geben Sie das Wurstbrät, das Schweinefett, Paniermehl, Schnittlauch, Salz und reichlich gemahlenen schwarzen Pfeffer in eine große Schüssel. Vermischen Sie alles gründlich, am besten mit der Hand, damit alle Zutaten miteinander vermengt sind.

Ergibt 1,2 kg

950 g Schweinewurstbrät guter Qualität

50 g Schweinefett, gehackt

100 g Paniermehl

50 g geschnittener Lauch

2 TL Salz

Frisch gemahlener schwarzer Pfeffer

Wurstdärme

2 Entnehmen Sie der Mischung eine kleine Kugel, die Sie flachdrücken und braten oder in der Mikrowelle garen, um zu kosten, ob noch mehr Gewürze nötig sind.

3 Weichen Sie die Wurstdärme etwa 15 Minuten in kaltem Wasser ein, bis sie weich sind. Danach abgießen und ein Ende an dem 2,5 cm breiten Füllhörnchen der Wurstmaschine befestigen, das andere Ende offenlassen. Dann die Wurstmaschine mit der Fleischmischung füllen, mit einer Hand die Füllung in die Wursthaut pressen, die sie mit der anderen Hand während des Füllvorgangs unterstützen, damit sich die Füllung gleichmäßig verteilt. Sobald die erforderliche Länge erreicht ist, nehmen Sie die Wursthaut von der Maschine, lassen aber dabei an beiden Enden genügend leere Wursthaut zum Zubinden überstehen. Streichen Sie die Wursthaut glatt, damit die Füllung gleichmäßig verteilt wird, und sich keine Blasen bilden. Wenn Luftblasen in der Wursthaut sind, streichen Sie mit den Fingern an der Wursthaut entlang, um die Blasen zu entfernen. Drehen Sie die Wursthaut im Abstand von 10 cm oder in der von Ihnen gewünschten Länge. Verknoten Sie die offenen Enden so nahe an der Füllung wie möglich. Überschüssige Wursthaut wird mit einer Schere abgeschnitten.

4 Legen Sie die Würste auf einen Räucherrost und räuchern Sie sie 50 Minuten lang oder bis sie ganz gar sind. Bevor Sie alle Würste aus dem Räucherofen nehmen, halbieren Sie eine Wurst, um festzustellen, ob sie gar ist...

Variation

Für Schweine-, Zwiebel- oder Thymianwürste erhitzen Sie einen Esslöffel Pflanzenöl in einer großen Pfanne und braten 2 fein gehackte Zwiebeln mit einem Teelöffel Streuzucker, bis die Zwiebeln weich und goldbraun sind. Rühren Sie 2 EL frisch gehackten Thymian unter die Zwiebeln, schütten alles in eine Schüssel und lassen die Mischung abkühlen.

Geräucherter Salz- und Pfeffer-Tintenfisch mit Knoblauch und Kräutermayonnaise

Geräucherter Tintenfisch schmeckt hervorragend und ist ein ideales Gericht für den Sommer. Vorzugsweise verwenden Sie 7 cm lange Tintenfische, die nicht durch den Rost fallen können.

4 Portionen

500 g kleine gesäuberte Tintenfische

½ TL frisch gemahlener schwarzer Pfeffer

½ TL Salz

1 EL Olivenöl

FÜR DIE MAYONNAISE

2 Eigelb

½ TL Dijonsenf

1 zerdrückte Knoblauchzehe

250 ml Öl (entweder Sonnenblumenöl oder eine Mischung aus mildem Olivenöl und Sonnenblumenöl)

1-2 EL weißer Weinessig

Eine kleine Handvoll grob gehackter Kräuter, z. B. Petersilie, Koriander, Fenchel, Zitronenthymian

Salatblätter zum Servieren

1 Waschen Sie den Tintenfisch und tupfen Sie ihn mit Küchenpapier trocken. Geben Sie Pfeffer, Salz und Olivenöl in eine Schüssel, fügen den Tintenfisch hinzu und vermischen alles. (Wenn die Tentakel und Köpfe noch am Tintenfisch sind, schneiden Sie die Tentakel von den Köpfen ab, werfen die Köpfe weg und geben die Tentakel in die Schüssel).

2 Für die Mayonnaise geben Sie Eigelb, Senf, Knoblauch und ein wenig Würze in den Mixer oder eine Küchenmaschine und mischen alles kurz durch. Während die Maschine läuft, geben Sie das Öl tropfenweise dazu, bis die Masse dick wird.

3 Dann geben Sie einen Esslöffel Essig dazu, mixen alles kurz durch, und fügen schließlich die Kräuter dazu und vermischen Sie mit der Mayonnaise.

4 Je nach Geschmack können Sie noch mit etwas Essig nachwürzen. Dann die Mayonnaise in eine Servierschale füllen und bis zum Servieren kalt stellen.

5 Legen Sie den Tintenfisch auf ein feinmaschiges Gitter oder legen Sie über den Gitterrost eine Folie, falls Sie befürchten, der Tintenfisch könnte durch den Rost fallen. Räuchern Sie den Tintenfisch ca. 45 Minuten heiß oder solange, bis er gar ist. Servieren Sie ihn mit Salatblättern und der Mayonnaise.

Variation

Probieren Sie doch einmal als alternative Dip-Sauce für den Tintenfisch diese feurigscharfe Chilisauce: Eine rote Chilischote und ein 2 cm langes Stück Ingwer werden feingehackt und in einer Schale mit 2 EL Streuzucker, 1 zerdrückten Knoblauchzehe, Saft einer Limette, 1 EL Fischsauce und 1 EL heller Sojasauce vermengt. Dann in eine Schüssel geben und bis zum Servieren kalt stellen.

Würzige Schälrippchen vom Schwein

Dieses Rezept zeigt, wie Sie Räuchern dazu verwenden können, konventionell gekochtes Fleisch geschmacklich zu verstärken. Die Rippchen werden im Ofen gegart bis sie zart sind, werden dann geräuchert und erhalten auf diese Weise einen authentischen Geschmack, sind aber in ihrer Konsistenz immer noch saftig.

1 Breiten Sie die Schälrippchen auf einer flachen nicht metallischen Schale aus, so dass sie nicht übereinander liegen. Verquirlen Sie Knoblauch, Ahornsirup oder Honig, Essig, Tomatenmark, Orangenschale und Paprika.

2 Über die Rippchen gießen und diese lose mit einer Folie bedecken. Mehrere Stunden oder über Nacht in den Kühlschrank stellen.

4 Portionen

1,25 kg fleischige Schweinerippchen

2 zerstoßene Knoblauchzehen

75 ml Ahornsirup oder flüssiger Honig

3 EL roter oder weißer Weinessig

3 EL Tomatenmark

Fein geriebene Schale einer Orange

2 TL scharfes Paprikapulver

Salz

3 Heizen Sie den Ofen auf
180 °C (Gasofen Stufe 4)
vor. Legen Sie die Rippchen
in eine Bratenform und über-
gießen die Rippchen mit der
Marinade. Streuen Sie ein
wenig Salz darüber und garen
die Rippchen im Ofen 1¼
Stunden lang, wobei Sie sie
immer wieder mit dem Bratensaft
begießen.

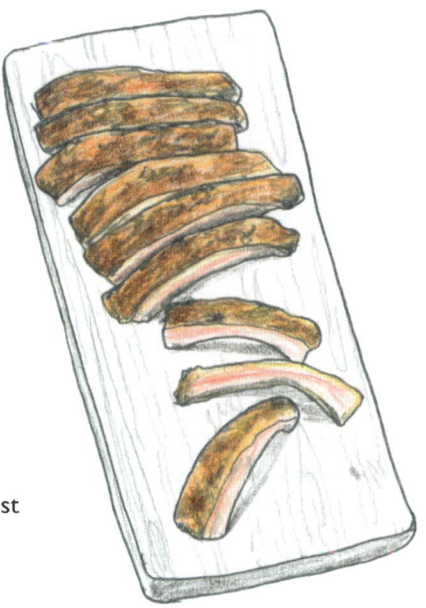

4 Sobald der Bratensaft eingedickt
ist und beginnt zäh zu werden,
nehmen Sie die Rippchen aus dem
Ofen und legen Sie sie auf einen Rost
oder Küchenrost, der in den
Räucherofen passt. Den Bratensaft
beiseite stellen.

5 Heißräuchern Sie die Rippchen eine Stunde lang, dabei mit dem
Bratensaft häufig begießen, bis die
Rippchen gold-
braun sind.

Variation

Für Schälrippchen mit einem leicht
asiatischen Aroma sollten Sie die
nachfolgende Marinade versuchen.
Mischen Sie 2 zerdrückte Knoblauchzehen mit 75 ml Honig, 25 g fein ge-
hacktem frischem Ingwer, 3 EL Reis-
weinessig, fein geriebener Schale
einer Zitrone, 2 EL Sojasauce, 1 EL
Fünf-Gewürze-Pulver und 2 EL
Tomatenmark. Wie oben marinieren
und zubereiten.

Eier Benedikt

*Bei diesem köstlichen Gericht für ein Frühstück oder einen Brunch können Sie
Ihren hausgemachten Schinken besonders gut zur Geltung bringen.*

1 Bereiten Sie zuerst
die Sauce zu. Dafür
schneiden Sie die
Butter in Stücke und
geben sie in eine
kleine Pfanne. Dann
langsam die Butter
erhitzen, bis sie ge-
schmolzen ist, dabei
den weißen Schaum
abschöpfen, der sich auf
der zerlassenen Butter
bildet. In eine Kanne
gießen, den weißen
Bodensatz in der
Pfanne lassen.

4 Portionen

4 Eier

4 Muffins

8 Scheiben hausgepökelten Schinken

FÜR DIE SAUCE

200 g leicht gesalzene Butter

2 EL weißer Weinessig

1 Lorbeerblatt

½ TL schwarze oder weiße Pfefferkörner

3 Eigelb

Ein Spritzer Zitronensaft

Salz und reichlich frisch gemahlener
schwarzer Pfeffer

2 In eine kleine Pfanne
den Essig, das Lorbeer-
blatt, die Pfefferkörner und
einen Esslöffel Wasser geben und bis zum Kochen erhitzen, dann kochen
lassen, bis sich die Flüssigkeit auf einen Esslöffel reduziert hat, dabei darauf
achten, dass nichts anbrennt.

3 In eine feuerfeste Schale gießen und das Eigelb dazugeben, dann mit den Schneebesen aufschlagen. Die Schale über ein sanft kochendes Wasserbad stellen, aber darauf achten, dass die Schale nicht das Wasser berührt.

4 Den Herd ausschalten, aber die Schale über dem kochenden Wasser lassen, und sehr langsam die warme zerlassene Butter unter ständigem Rühren unterheben. Die Mischung wird allmählich dick und ergibt eine buttrige Sauce. Einen Spritzer Zitrone für ein besseres Aroma dazugeben und mit Salz und Pfeffer abschmecken.

5 Die Eier in kochendem Wasser pochieren. Die Muffins spalten und toasten, danach auf vorgewärmten Tellern anrichten. Mit Schinkenscheiben und den pochierten Eiern belegen, reichlich Sauce darüber geben und servieren.

Im Topf gerösteter Speck mit Linsen

Linsen und Speck passen wunderbar zusammen. Aber vergessen Sie nicht den Speck zuvor auf Salzigkeit zu testen, indem Sie ein kleines Stück davon kochen, bevor Sie ihn für dieses Gericht verwenden. Es kann sein, dass der Speck zuerst in kaltem Wasser mehrere Stunden oder über Nacht eingeweicht werden muss.

6 Portionen

225 g grüne Linsen

2 Zwiebeln in dünnen Scheiben

4 Knoblauchzehen, fein gehackt

300 g Kirschtomaten, halbiert

1,5 kg nassgepökelter Speck vom Hals, der Schulter oder Lende

Einige Zweige Rosmarin und Thymian

200 ml trockener Weißwein

2 EL Kapern, abgetropft und gewaschen

6 Anchovis-Filets, grob gehackt

Frisch gemahlener schwarzer Pfeffer

Kartoffelbrei zum Servieren

1 Den Ofen auf 180 °C (Gas Stufe 4) vorheizen. Die Linsen in einem Sieb spülen und in einen Topf geben. Mit Wasser bedecken und zum Kochen bringen. 15 Minuten simmern, dann abgießen und beiseite stellen.

2 Das Öl in einer großen feuerfesten Auflaufform erhitzen und darin die Zwiebeln anbraten, bis sie weich sind. Den Knoblauch und die Tomaten dazugeben und 2-3 Minuten kochen, bis sie weich sind. Die Tomaten mit einem Löffel auf einen Teller geben und beiseite stellen.

3 Den Speck in die Pfanne geben, den Deckel aufsetzen und im Ofen 1¼ Stunde garen.

4 Die Linsen und Kräuter um das Fleisch verteilen und den Wein zugeben. Die Kapern und Anchovis-Filets unterrühren und mit Pfeffer abschmecken. In den Ofen schieben und weitere 45 Minuten garen, die Tomaten nach 20 Minuten dazugeben. Vor dem Anschneiden 15 Minuten ruhen lassen.

Gesalzener Fisch auf mediterrane Art

Hausgemachter gesalzener Fisch hat einen Geschmack nach Sommer, nach heißen Regionen. Dieses Eintopfgericht eignet sich auch gut als winterliches Abendessen.

1 Den Salzfisch in Stücke schneiden, die Haut abziehen und auf eventuelle Gräten prüfen.

2 Das Öl in einer großen Pfanne erhitzen und darin Zwiebel und Fenchel ca. 5 Minuten anbraten, bis sie weich sind. Dann Knoblauch und Fenchelsamen zugeben und eine weitere Minute köcheln.

3 Brühe und Safran zugeben, dabei die Fäden in kleine Stücke zerbröseln. Erhitzen, bis die Brühe simmert, dann die Kartoffeln und den Salzfisch unterrühren. 15-20 Minuten köcheln, bis Fisch und Kartoffeln weich sind.

4 Portionen

500 g Salzfisch, 24-48 Stunden in kaltem Wasser eingeweicht

4 EL Olivenöl

1 kleine Zwiebel, gehackt

1 Fenchelknolle, gehackt

3 Knoblauchzehen, zerdrückt

1 TL Fenchelsamen, leicht zerstoßen

600 ml Fischbrühe

1 TL Safranfäden

750 g fest kochende Kartoffeln, in Stücke geschnitten

400 g kleine Tomaten, ohne Haut und geviertelt

5 EL Petersilie grob gehackt

Salz und frisch gemahlener schwarzer Pfeffer

Zum Servieren warmes Baguette oder Ciabatta

4 Tomaten und Petersilie dazugeben und noch weitere 5 Minuten köcheln. Mit reichlich schwarzem Pfeffer würzen. Abschmecken, aber wahrscheinlich muss kein Salz dazugegeben werden. In Schalen füllen und mit warmem Brot servieren.

Geräuchertes Hähnchen Panzanella

Panzanella ist ein leckerer italienischer Salat, bei dem Brotstückchen das Knoblauch-Tomaten-Dressing aufsaugen. Mit geräuchertem Hähnchen wird daraus eine Hauptmahlzeit.

4 Portionen

700 g aromatische kleine Tomaten, gehäutet

175 g schweres Ciabatta-Brot

400 g geräucherte Hühnerbrustfilets

1 Handvoll schwarze Oliven ohne Stein

1 kleine rote Zwiebel, fein geschnitten

Reichlich Basilikumblätter (eine große Handvoll)

125 ml natives Olivenöl extra

2 Knoblauchzehen, zerdrückt

ca. 2 EL roter Weinessig

Salz und frisch gemahlener schwarzer Pfeffer

1 Vierteln Sie die Tomaten. Entfernen Sie die Kerne mit einem Löffel, geben das Fruchtfleisch in ein Sieb über einer Schüssel und drücken den Saft mit einem Löffelrücken durch das Sieb. Sollte das Fruchtfleisch zu hart sein, können Sie es zuerst in einem Mixer vor dem Passieren zerkleinern.

2 Zerzupfen Sie das Brot in kleine Stücke und legen damit eine Salatschüssel aus. Schneiden Sie das Hähnchen in dünne Scheiben und geben Sie es in die Schüssel zusammen mit den Oliven und dem Tomatenfleisch. Zerzupfen Sie die Basilikumblätter in kleine Stücke, werfen die Stiele fort und geben alles in die Salatschüssel.

3 Den gesiebten Tomatensaft mit dem Olivenöl, Knoblauch, und 1½ EL Essig aufschlagen, so dass das Dressing würzig ist, aber nicht zu scharf. Gegebenenfalls noch etwas Essig dazugeben. Mit Salz und reichlich frisch gemahlenem schwarzen Pfeffer abschmecken. Das Dressing über den Salat geben und ca. 15 Minuten stehenlassen, bis das Brot das Knoblauchdressing aufgesogen hat.

Pastete aus geräucherter Makrele

*Einfach und lecker, ist diese aus noch zischend heißgeräucherter Makrele
zubereitete Pastete ein wahrer Genuss.*

1 Häuten Sie den Fisch,
zerzupfen ihn und geben ihn in
die Rührschüssel einer Küchenmaschine. Zerstoßen Sie leicht
die Pfefferkörner in einem
Mörser und hacken die Gewürzgurken. Geben Sie beides zu
dem Fisch in die Rührschüssel
der Küchenmaschine und
vermischen Sie alles.

2 Die Butter schmelzen und
die Hälfte davon in die
Küchenmaschine schütten.
Mascarpone dazugeben und
alles gut miteinander verrühren,
dabei die Mischung von den Seiten der
Rührschüssel mit einem Kuchenspachtel
immer wieder abschaben. Den
Zitronensaft hinzugeben und mit Salz
und reichlich Pfeffer abschmecken.

3 In eine Servierschüssel oder
mehrere kleine Schalen füllen und
mit der Rückseite eines Löffels flachdrücken. Mit der restlichen
Butter beträufeln und bis
zum Servieren kalt
stellen. Mit warmem
Toast servieren.

4-6 Portionen

400 g heißgeräucherte Makrele

2 TL eingelegte grüne Pfefferkörner,
abgespült und abgetropft

4 kleine Gewürzgurken

50 g leicht gesalzene Butter

200 g Mascarpone

Spritzer einer Zitrone

Salz und frisch gemahlener schwarzer
Pfeffer

Toast zum Servieren

Anbieter

von Zubehör und Zutaten

Salzkontor Schmid GmbH
Erich-Herion-Strasse 19
70736 Fellbach
Tel.: 0711 - 58 17 77 / 56 14 09
Fax: 0711 - 58 27 72 / 56 68 35
www.salzkontor-schmid.de
info@salzkontor-schmid.de

Räuchertechnik:

Josef und Walther Stegherr GbR
Hauptstraße 13
89365 Röfingen – Roßhaupten
Tel.: +49 (0)8222 / 41 16 77
Fax: +49 (0)8222 / 41 16 78
mail@jost-raeucherschraenke.de

Smoki-Räuchertechnik GbR
Böener Straße 22
49624 Löningen
Telefon: +49 (0)5432 / 90 20 18
Telefax: +49 (0)5432 / 69 6
www.smokiofen.de
smoki-shop@smokiofen.de

Index